Das
Mathebuch 1
Lernkompass

Name: ______________________________

Klasse: __________

Erarbeitet von:

Cathrin Höfling
Ulrike Hufschmidt
Myriam Kolbe
Julia Michalke
Dr. Sebastian Walter

Mildenberger

1 Zähle und trage ein.

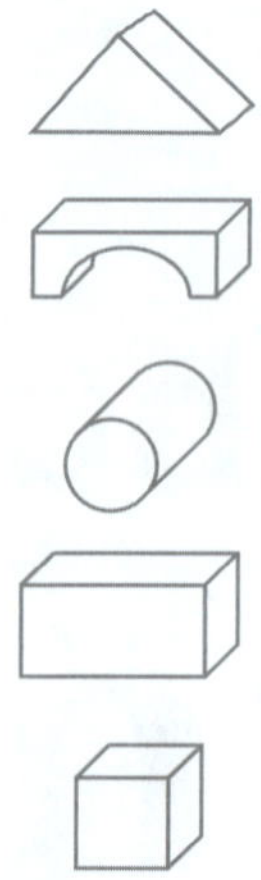

2 Lege und trage ein. Denke an den Fünferstreifen.

𝍸 |

|||

8

𝍸 ||

𝍸 𝍸

3 ▲ Finde die Fehler. Verbessere und trage ein.

𝍸

6

Diese Aufgaben waren für mich ☺ 😐 ☹

1 Trage ein und verbinde.

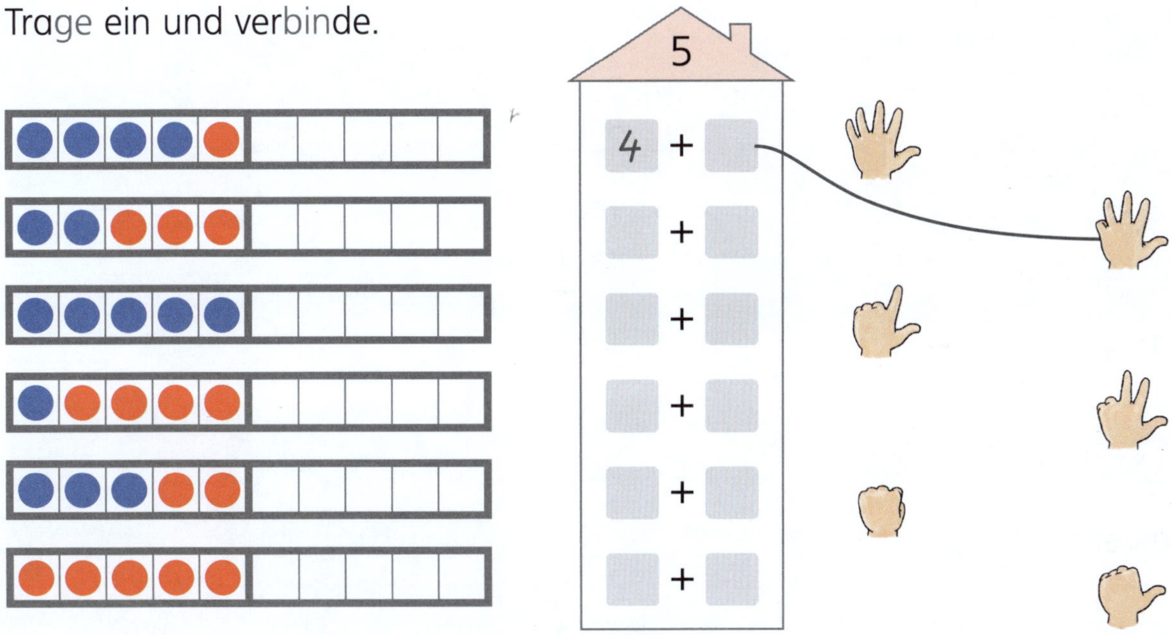

2 Male, trage ein und verbinde.

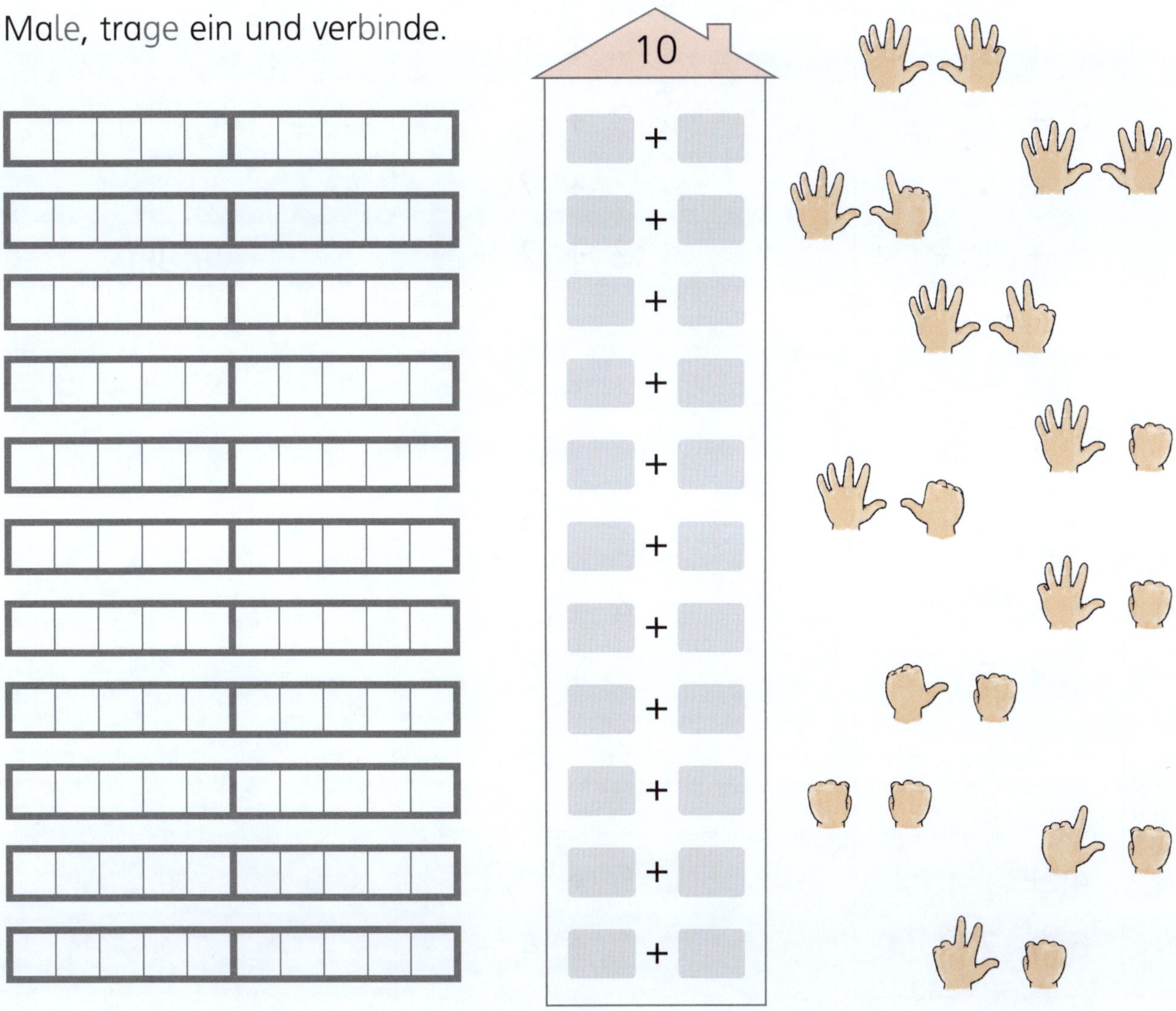

Diese Aufgaben waren für mich ☺ 😐 ☹

1 Trage ein.

3
2 + ☐
☐ + 0
1 + ☐

4
3 + ☐
☐ + 2
4 + ☐

2 Trage ein.

6
1 + ☐
☐ + 3
0 + ☐
☐ + 4
5 + 1 + ☐

7
5 + ☐
☐ + 1
3 + ☐
☐ + 7
2 + 2 + ☐

3 Trage ein.

8
7 + ☐
☐ + 5
2 + ☐
☐ + 8
4 + ☐
6 + 2 + ☐

9
4 + ☐
☐ + 0
2 + ☐
☐ + 8
6 + ☐
1 + 4 + ☐

Diese Aufgaben waren für mich ☺ 😐 ☹

1 Verbinde. Male das Wort in der gleichen Farbe wie die Form an.

Rechteck Dreieck Kreis Quadrat

2 Zähle und trage ein.

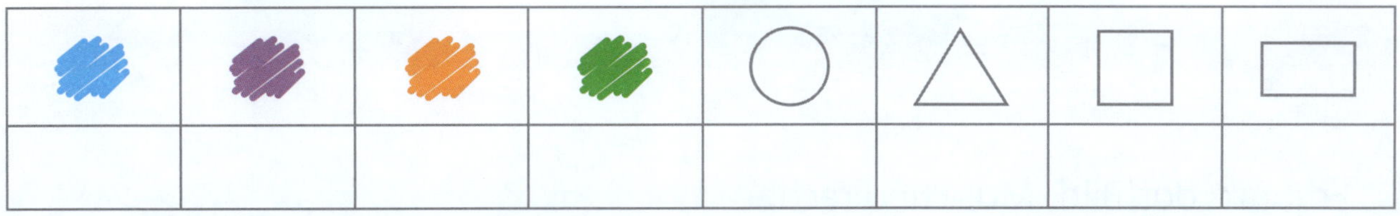

3 Zeichne ein Dreieck in verschiedenen Größen auf die Geobretter.

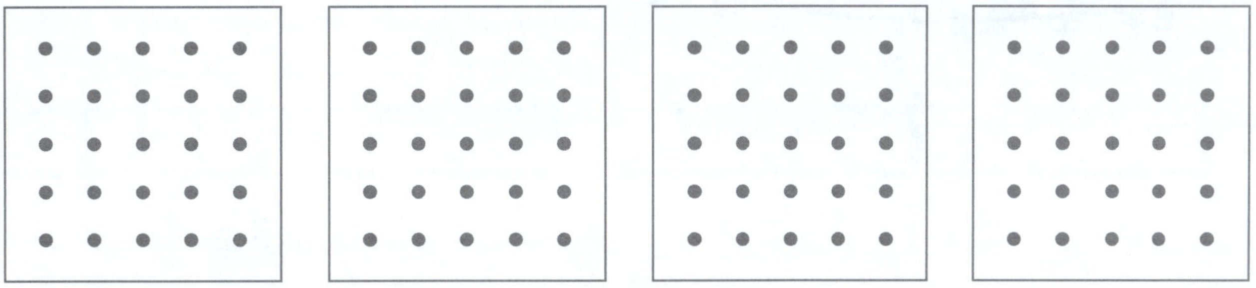

4 Setze fort.

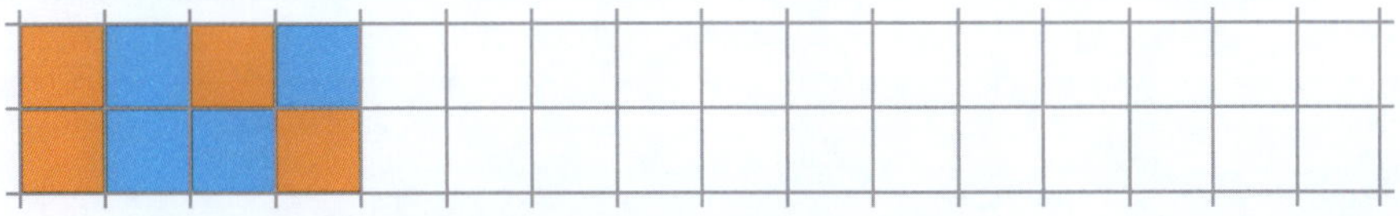

5 Finde den Fehler. Kreise ein.

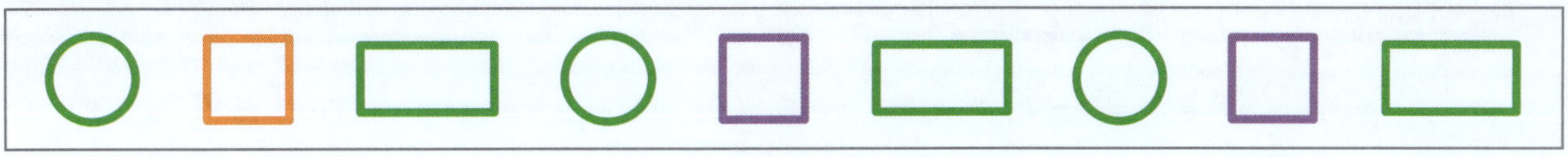

Diese Aufgaben waren für mich 

1 Male und rechne.

___ + ___ = ___

___ + ___ = ___

___ + ___ = ___

___ + ___ = ___

2 Ergänze das Bild. Male und rechne.

___ + 1 = ___

___ + 3 = ___

3 Male eigene Rechengeschichten.

___ + ___ = 6

___ + ___ = 5

Diese Aufgaben waren für mich

1 Verbinde. Eine Aufgabe bleibt übrig.

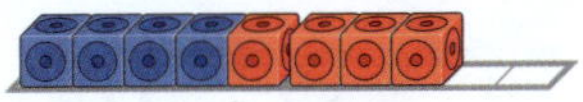 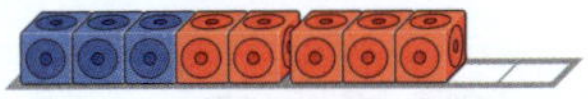  

3 + 5   5 + 3   4 + 4   6 + 2   2 + 6

2 Male und rechne.

3 + 6 = ___   5 + 5 = ___   8 + 1 = ___

2 + 5 = ___   4 + 6 = ___   2 + 4 = ___

5 + 4 = ___   ___ + ___ = 5   ___ + ___ = 8

3 Setze fort und rechne. Finde ein eigenes schönes Päckchen.

3 + 3 = ___	9 + 1 = ___	2 + 0 = ___	___ + ___ = ___
4 + 3 = ___	8 + 1 = ___	2 + 2 = ___	___ + ___ = ___
5 + 3 = ___	7 + 1 = ___	2 + 4 = ___	___ + ___ = ___
6 + ___ = ___	6 + ___ = ___	___ + ___ = ___	___ + ___ = ___
___ + ___ = ___	___ + ___ = ___	___ + ___ = ___	___ + ___ = ___

Diese Aufgaben waren für mich ☺ 😐 ☹

1 Rechne die Aufgabe und die Tauschaufgabe.

2 + 5 = ☐
☐ + ☐ = ☐

3 + ☐ = ☐
☐ + ☐ = ☐

☐ + ☐ = ☐
☐ + ☐ = ☐

2 Hilft dir die Tauschaufgabe? Kreuze an und rechne.

○ 7 + 1 = ☐	○ 2 + 8 = ☐	○ 5 + 3 = ☐	○ ☐ = 3 + 6
○ 1 + 4 = ☐	○ 6 + 1 = ☐	○ 2 + 7 = ☐	○ ☐ = 3 + 5

3 Wie viele sind verdeckt? Ergänze.

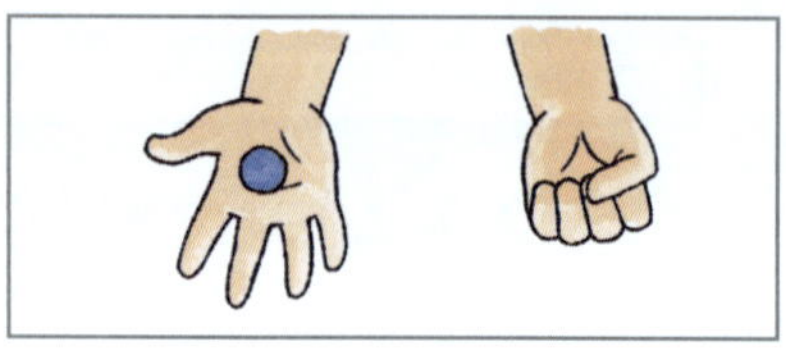

1 + ☐ = 8

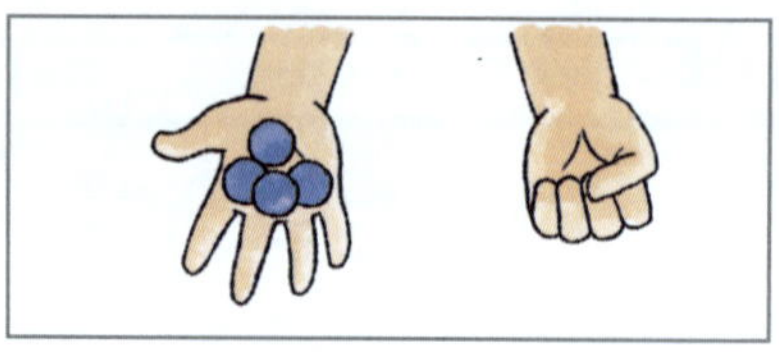

4 + ☐ = 7

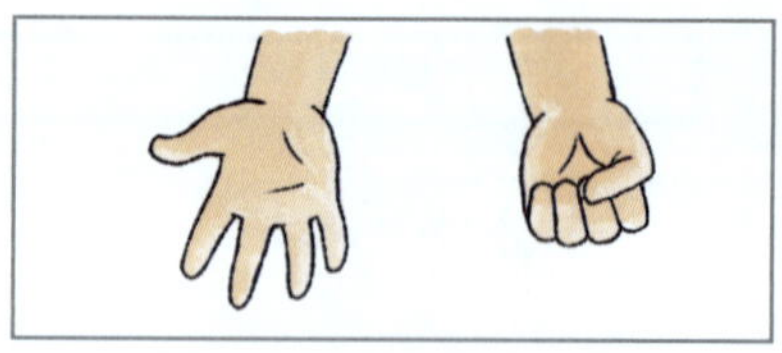

0 + ☐ = 4

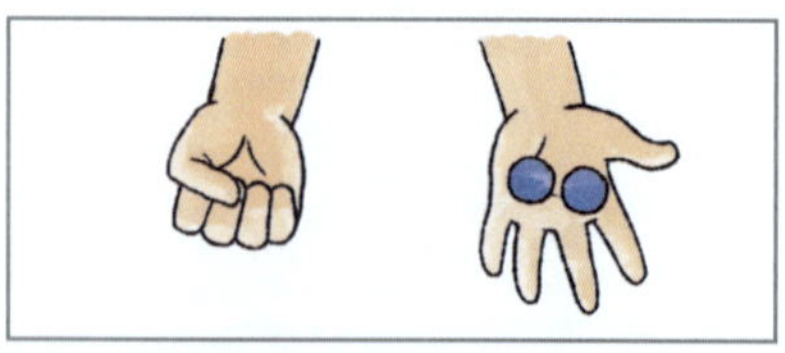

☐ + 2 = 5

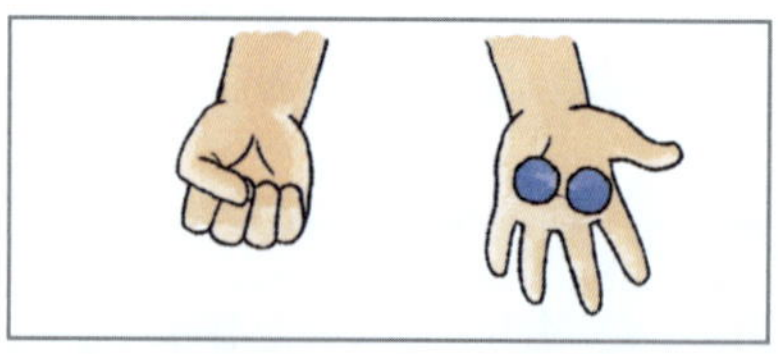

☐ + 2 = 6

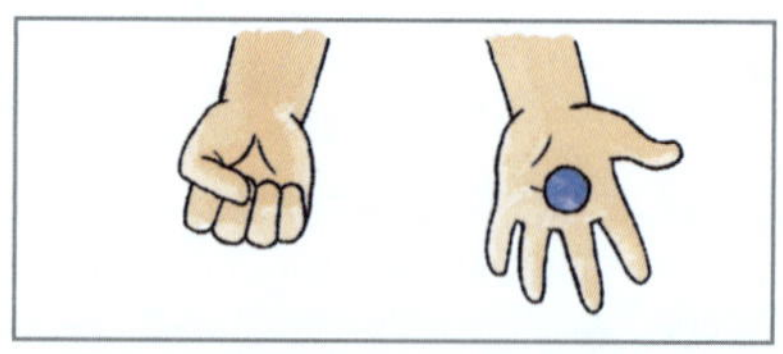

☐ + 1 = 9

4 Ergänze.

7 + ☐ = 10	☐ + 3 = 6	2 + ☐ = 9	5 = 1 + ☐
4 + ☐ = 10	☐ + 4 = 7	☐ + 6 = 9	8 = 6 + ☐
5 + ☐ = 10	☐ + 4 = 8	☐ + 3 = 5	10 = ☐ + 1
2 + ☐ = 10	☐ + 4 = 9	4 + ☐ = 8	10 = ☐ + 4

Diese Aufgaben waren für mich ☺ 😐 ☹

zu Schülerbuchseite 50–51

1 Male und rechne.

☐ – ☐ = ☐

☐ – ☐ = ☐

☐ – ☐ = ☐

☐ – ☐ = ☐

2 Streiche im Bild durch. Male und rechne.

10 – 3 = ☐

8 – 4 = ☐

3 Male eigene Rechengeschichten.

☐ – ☐ = 3

☐ – ☐ = 4

Diese Aufgaben waren für mich ☺ 😐 ☹

1 Verbinde. Eine Aufgabe bleibt übrig.

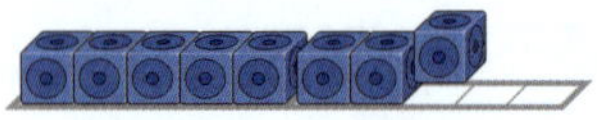  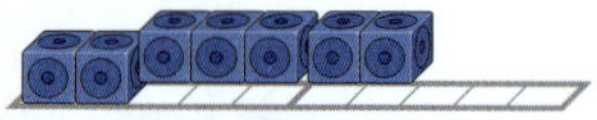 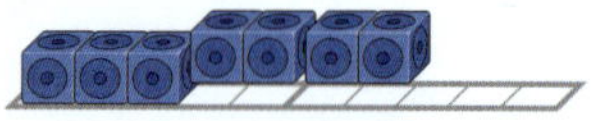

7 − 2 | 7 − 5 | 8 − 1 | 7 − 4 | 7 − 3

2 Male und rechne.

9 − 6 = ☐ | 6 − 5 = ☐ | 8 − 3 = ☐

5 − 1 = ☐ | 10 − 4 = ☐ | 9 − 4 = ☐

6 − 2 = ☐ | 8 − ☐ = 5 | ☐ − ☐ = 1

3 Setze fort und rechne. Finde ein eigenes schönes Päckchen.

3 − 3 = ☐	9 − 4 = ☐	9 − 0 = ☐	☐ − ☐ = ☐
4 − 3 = ☐	8 − 3 = ☐	9 − 2 = ☐	☐ − ☐ = ☐
5 − 3 = ☐	7 − 2 = ☐	9 − 4 = ☐	☐ − ☐ = ☐
6 − ☐ = ☐	6 − ☐ = ☐	☐ − ☐ = ☐	☐ − ☐ = ☐
☐ − ☐ = ☐	☐ − ☐ = ☐	☐ − ☐ = ☐	☐ − ☐ = ☐

Diese Aufgaben waren für mich ☺ 😐 ☹

1 Rechne.

5 + 3 = ☐
☐ – 3 = ☐

6 + 1 = ☐
☐ – 1 = ☐

☐ – ☐ = ☐
☐ + ☐ = ☐

2 Rechne.

+2: 5 → ☐; –☐

+☐: 7 → ☐; –3

+4: ☐ → 7; –☐

+☐: ☐ → 9; –2

+☐: 3 → 8; –☐

+☐: 4 → 6; –☐

3 Rechne.

5 – ☐ = 4	2 + 7 = ☐	☐ + 1 = 9	☐ – 3 = 3
☐ + 1 = 5	9 – ☐ = 2	9 – 1 = ☐	☐ + 3 = 6
7 + 3 = ☐	☐ – 7 = 1	☐ – 2 = 4	5 + ☐ = 7
10 – ☐ = 7	1 + 7 = ☐	4 + ☐ = 6	☐ – 2 = 5

4 Erfinde eine eigene Umkehraufgabe. Male ein Bild.

☐ + ☐ = ☐
☐ – ☐ = ☐

1 Rechne.

3	5	8

\+ =
\+ =
− =
− =

2	4	6

\+ =
\+ =
− =
− =

10	3	7

\+ =
\+ =
− =
− =

7	2	9

\+ =
\+ =
− =
− =

2 Finde passende Aufgabenfamilien.

8	2	

\+ =
\+ =
− =
− =

	1	3

\+ =
\+ =
− =
− =

3		9

\+ =
\+ =
− =
− =

5		10

\+ =
\+ =
− =
− =

3 Finde eine passende Lösung.

	2	5
2	6	

6		1
7		4

5	4	
3		

4 Finde 3 verschiedene Aufgabenfamilien.

\+ = 8
\+ = 8
− =
− =

\+ = 8
\+ = 8
− =
− =

\+ = 8
\+ = 8
− =
− =

Diese Aufgaben waren für mich ☺ 😐 ☹

1 Zähle, trage ein und male aus.

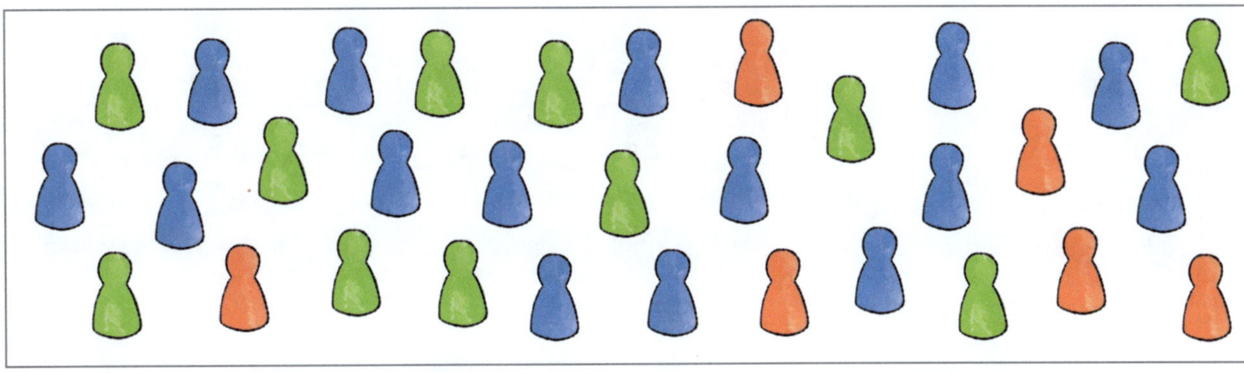

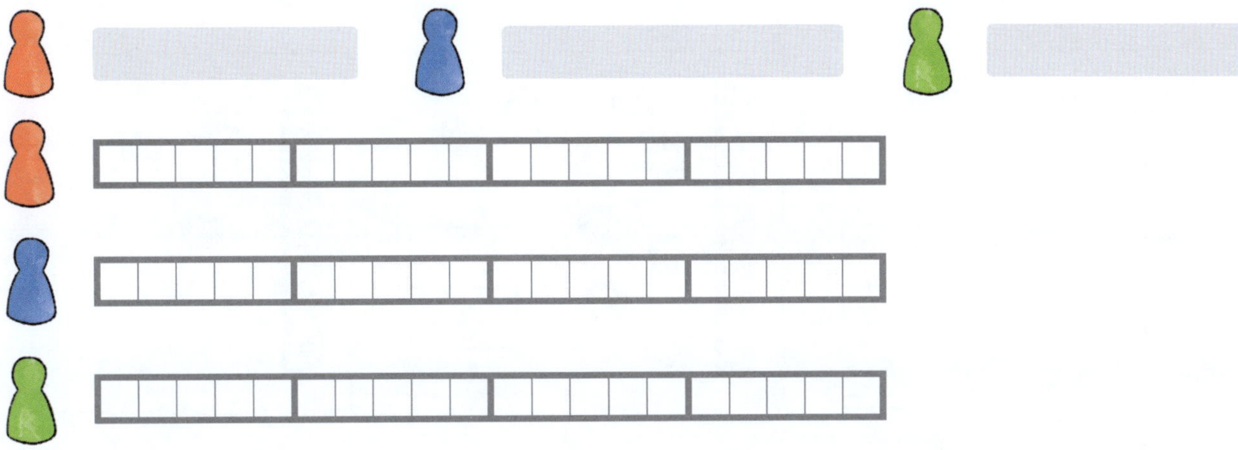

2 Zähle, trage ein und male aus.

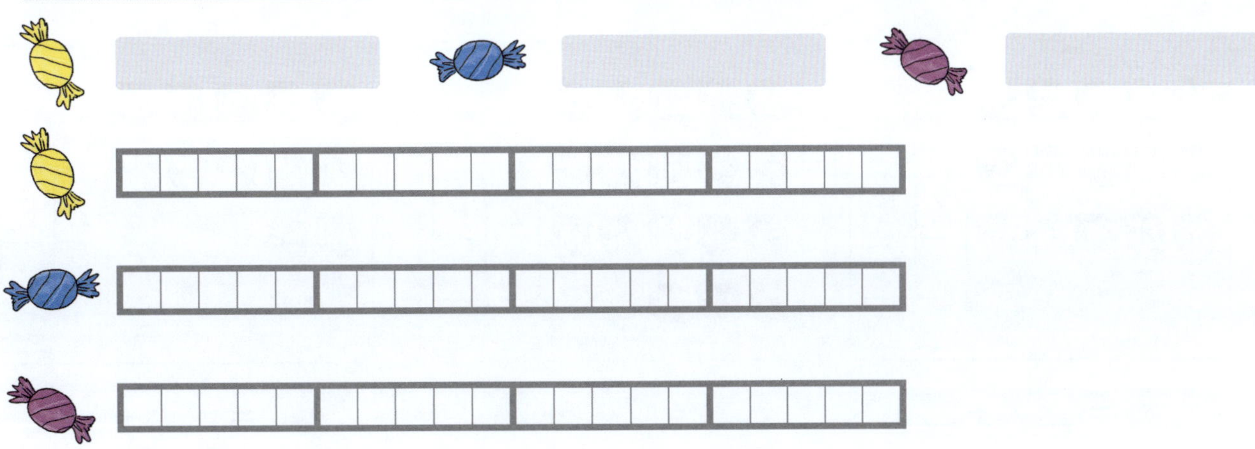

Diese Aufgaben waren für mich ☺ 😐 ☹

1 Immer 10. Bündele. Trage ein und verbinde.

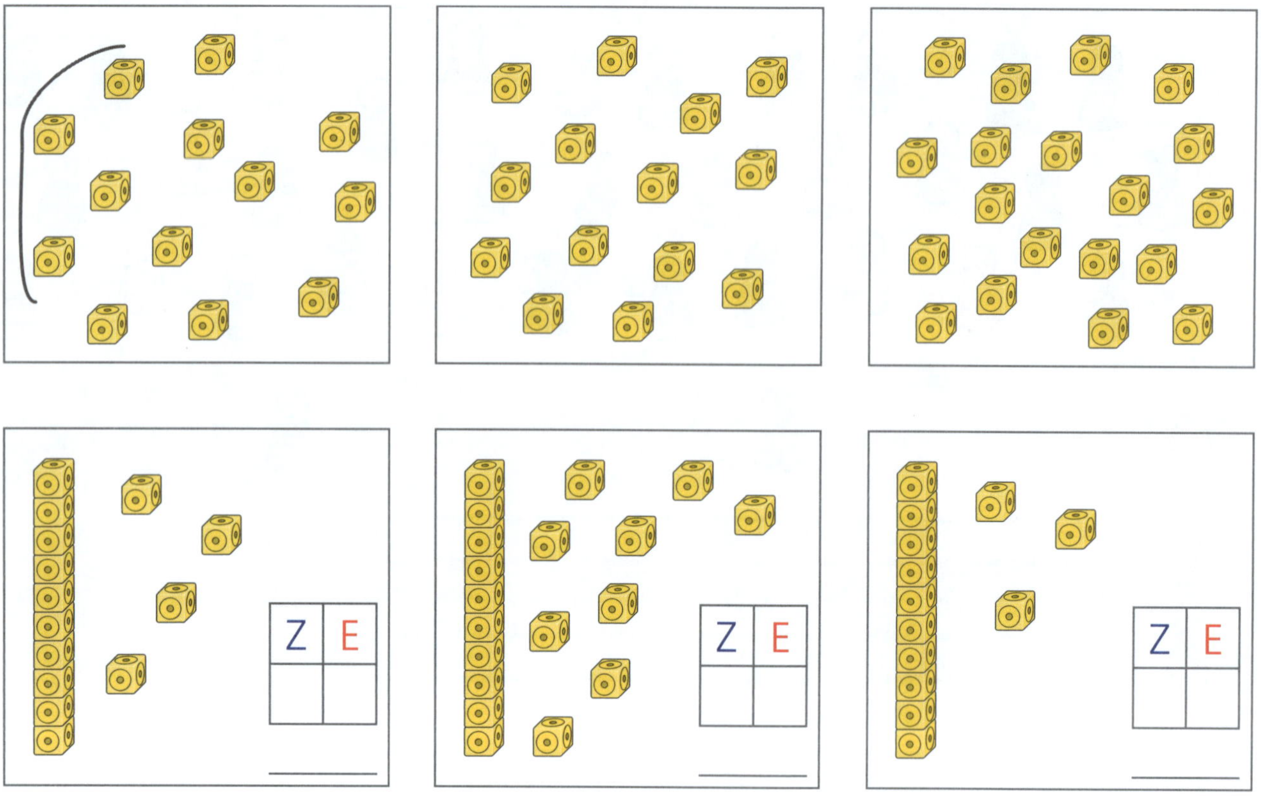

2 Immer 10. Bündele und trage ein.

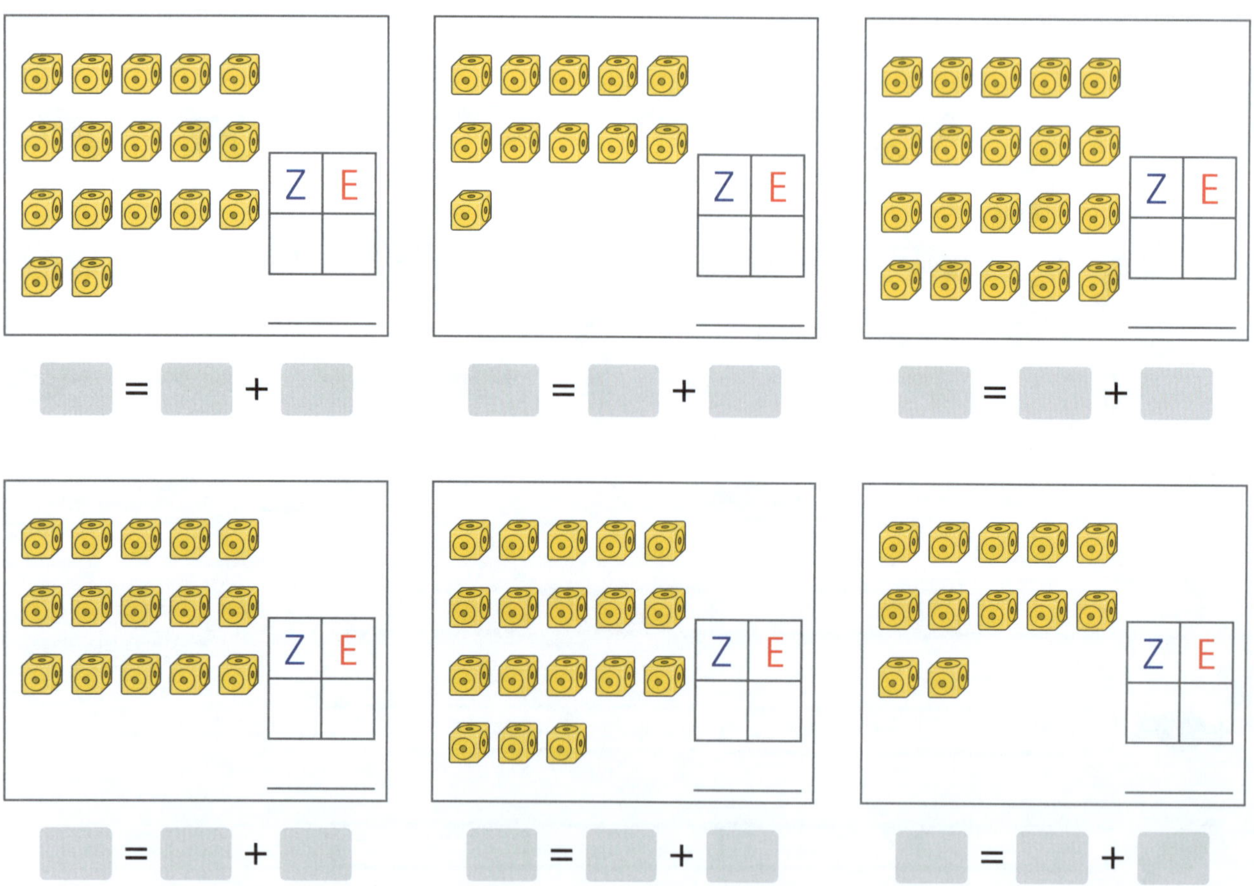

Diese Aufgaben waren für mich

1 Immer 10. Bündele und trage ein. Verbinde.

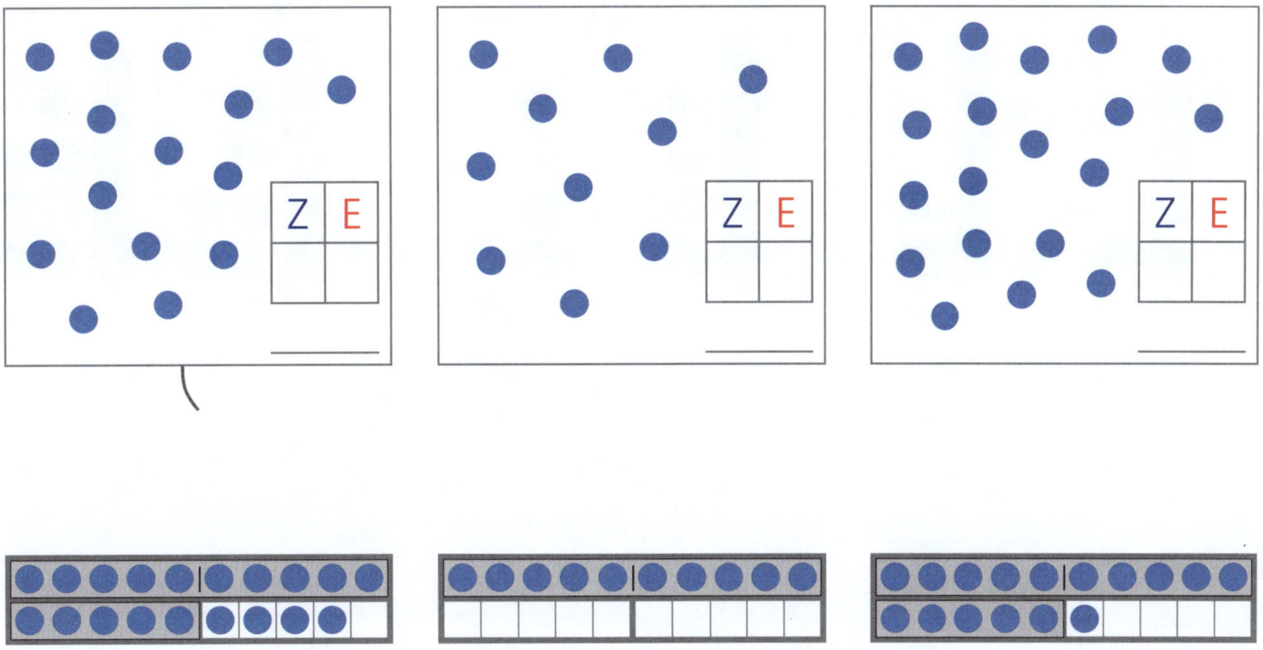

2 Male und rechne.

1 Z + 8 E = ___
___ + ___ = ___

1 Z + 4 E = ___
___ + ___ = ___

1 Z + 5 E = ___
___ + ___ = ___

1 Z + 1 E = ___
___ + ___ = ___

1 Z + 9 E = ___
___ + ___ = ___

1 Z + 3 E = ___
___ + ___ = ___

1 Z + 2 E = ___
___ + ___ = ___

1 Z + 7 E = ___
___ + ___ = ___

1 Z + 0 E = ___
___ + ___ = ___

Diese Aufgaben waren für mich ☺ 😐 ☹

1 Zähle und trage ein. Setze ein: >, < oder =

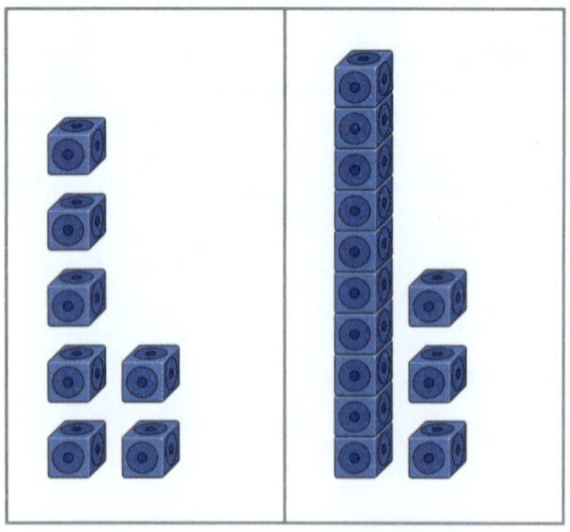

□ ○ □

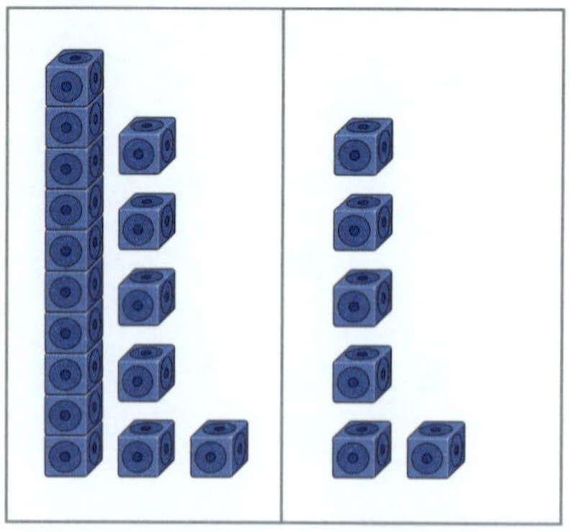

□ ○ □

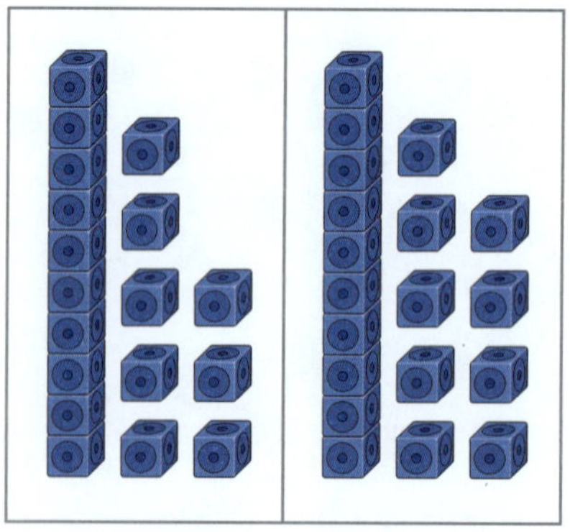

□ ○ □

2 Setze ein: >, < oder =

7 ○ 6	11 ○ 20	0 ○ 15
5 ○ 14	13 ○ 13	18 ○ 12
2 ○ 12	10 ○ 19	9 ○ 16
18 ○ 8	17 ○ 14	10 ○ 1

3 Setze passende Zahlen ein.

6 > □ + 2	8 – □ > 3	□ + 8 < 10
6 > □ + 2	8 – □ > 1	□ + 3 < 10
6 > □ + 2	8 – □ > 4	□ + 4 < 10
6 > □ + 2	8 – □ > 7	□ + 9 < 10

4 Rechne und setze ein: >, < oder =

18 ○ 10 + 8	12 ○ 10 + 4	7 + 10 ○ 20
11 ○ 10 + 5	17 ○ 10 + 2	6 + 3 ○ 13
13 ○ 10 + 3	19 ○ 10 + 8	10 + 10 ○ 20

Diese Aufgaben waren für mich ☺ 😐 ☹

1 Zähle und trage ein. **9**

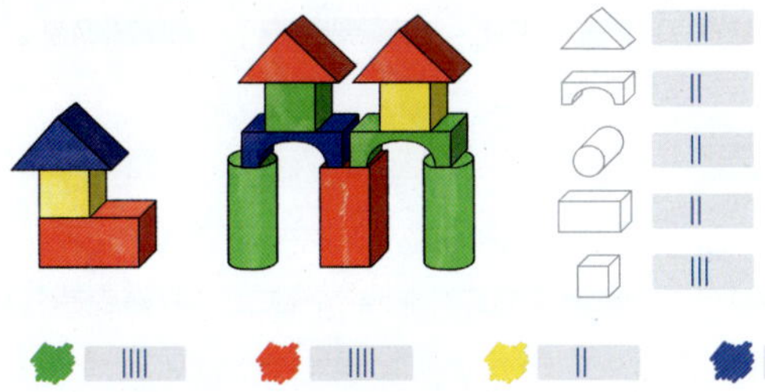

|||, ||, ||, ||, |||

||||, ||||, ||, ||

2 Lege und trage ein. Denke an den Fünferstreifen. **18**

6 卌 | 3 ||| 8 卌 |||

7 卌 || 5 卌 10 卌 卌

3 Finde die Fehler. Verbessere und trage ein. **10**

4 ~~卌~~ ||||

~~6~~ 卌 || 7

3 |||

Du hast ___ von 37 Punkten erreicht.

1 Trage ein und verbinde. **6**

5
4 + 1
2 + 3
5 + 0
1 + 4
3 + 2
0 + 5

2 Male, trage ein und verbinde. **11**

10
10 + 0
9 + 1
8 + 2
7 + 3
6 + 4
5 + 5
4 + 6
3 + 7
2 + 8
1 + 9
0 + 10

Du hast ___ von 17 Punkten erreicht.

1 Trage ein. **3**

3	4
2 + 1	3 + 1
3 + 0	2 + 2
1 + 2	4 + 0

2 Trage ein. **5**

6	7
1 + 5	5 + 2
3 + 3	6 + 1
0 + 6	3 + 4
2 + 4	0 + 7
5 + 1 + 0	2 + 2 + 3

3 Trage ein. **6**

8	9
7 + 1	4 + 5
3 + 5	9 + 0
2 + 6	2 + 7
0 + 8	1 + 8
4 + 4	6 + 3
6 + 2 + 0	1 + 4 + 4

Du hast ___ von 14 Punkten erreicht.

1 Verbinde. Male das Wort in der gleichen Farbe wie die Form an. **4**

Rechteck Dreieck Kreis Quadrat

2 Zähle und trage ein. **8**

卌		卌	|||	||||	|||	||||	卌	卌	

3 Zeichne ein Dreieck in verschiedenen Größen auf die Geobretter. **4**

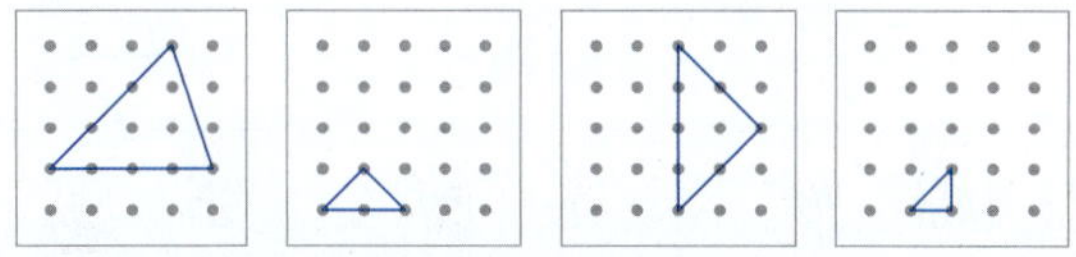

4 Setze fort. **3**

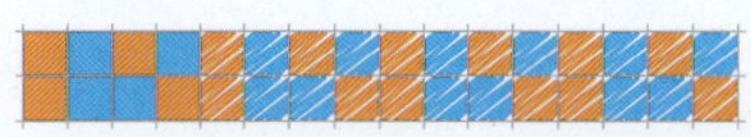

5 Finde den Fehler. Kreise ein. **4**

Du hast ___ von 23 Punkten erreicht.

1 Male und rechne. **6**

4 + 3 = 7 2 + 3 = 5

3 + 6 = 9 5 + 5 = 10

2 Ergänze das Bild. Male und rechne. **8**

5 + 1 = 6 2 + 3 = 5

* **3** Male eigene Rechengeschichten. **8**

+ = 6 + = 5

6 * Individuelle Lösungen Du hast von 22 Punkten erreicht.

1 Verbinde. Eine Aufgabe bleibt übrig. **8**

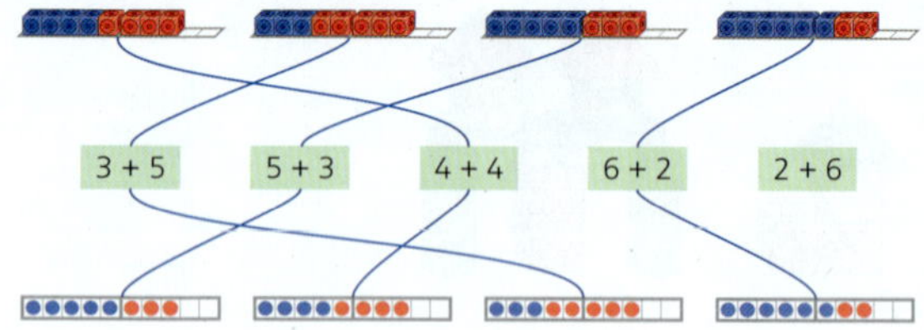

2 Male und rechne. **18**

3 + 6 = 9 5 + 5 = 10 8 + 1 = 9

2 + 5 = 7 4 + 6 = 10 2 + 4 = 6

5 + 4 = 9 * + = 5 * + = 8

3 Setze fort und rechne. Finde ein eigenes schönes Päckchen. **20**

			*
3 + 3 = 6	9 + 1 = 10	2 + 0 = 2	+ =
4 + 3 = 7	8 + 1 = 9	2 + 2 = 4	+ =
5 + 3 = 8	7 + 1 = 8	2 + 4 = 6	+ =
6 + 3 = 9	6 + 1 = 7	2 + 6 = 8	+ =
7 + 3 = 10	5 + 1 = 6	2 + 8 = 10	+ =

Du hast von 46 Punkten erreicht. * Individuelle Lösungen 7

1 Rechne die Aufgabe und die Tauschaufgabe. **6**

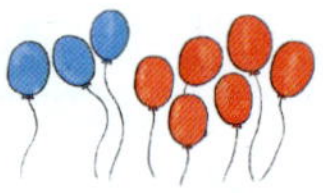

2 + 5 = 7	3 + 6 = 9	7 + 1 = 8
5 + 2 = 7	6 + 3 = 9	1 + 7 = 8

2 Hilft dir die Tauschaufgabe? Kreuze an und rechne. **16**

○ 7 + 1 = 8	✕ 2 + 8 = 10	○ 5 + 3 = 8	✕ 9 = 3 + 6
✕ 1 + 4 = 5	○ 6 + 1 = 7	✕ 2 + 7 = 9	✕ 8 = 3 + 5

3 Wie viele sind verdeckt? Ergänze. **6**

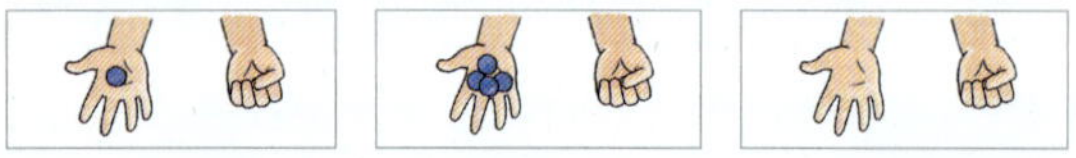

1 + 7 = 8 4 + 3 = 7 0 + 4 = 4

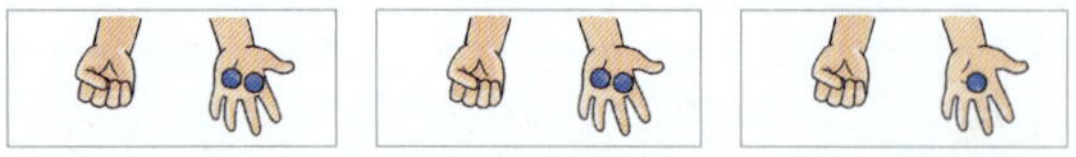

3 + 2 = 5 4 + 2 = 6 8 + 1 = 9

4 Ergänze. **16**

7 + 3 = 10	3 + 3 = 6	2 + 7 = 9	5 = 1 + 4
4 + 6 = 10	3 + 4 = 7	3 + 6 = 9	8 = 6 + 2
5 + 5 = 10	4 + 4 = 8	2 + 3 = 5	10 = 9 + 1
2 + 8 = 10	5 + 4 = 9	4 + 4 = 8	10 = 6 + 4

8 Du hast von 44 Punkten erreicht.

1 Male und rechne. **6**

7 − 3 = 4 6 − 2 = 4

7 − 2 = 5 9 − 3 = 6

2 Streiche im Bild durch. Male und rechne. **8**

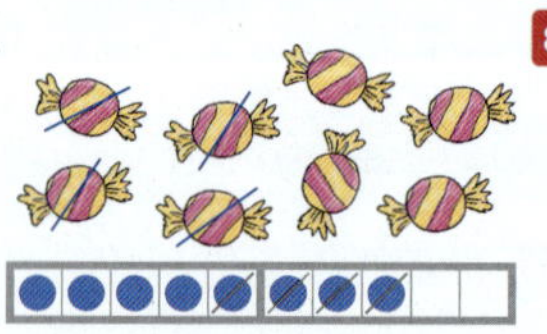

10 − 3 = 7 8 − 4 = 4

* **3** Male eigene Rechengeschichten. **8**

− = 3 − = 4

Du hast von 22 Punkten erreicht. * Individuelle Lösungen 9

1 Verbinde. Eine Aufgabe bleibt übrig. **8**

7 – 2 | 7 – 5 | 8 – 1 | 7 – 4 | 7 – 3

2 Male und rechne. **18**

9 – 6 = 3 | 6 – 5 = 1 | 8 – 3 = 5

5 – 1 = 4 | 10 – 4 = 6 | 9 – 4 = 5

6 – 2 = 4 | 8 – 3 = 5 | * _ – _ = 1

3 Setze fort und rechne. Finde ein eigenes schönes Päckchen. **20**

			*
3 – 3 = 0	9 – 4 = 5	9 – 0 = 9	_ – _ = _
4 – 3 = 1	8 – 3 = 5	9 – 2 = 7	_ – _ = _
5 – 3 = 2	7 – 2 = 5	9 – 4 = 5	_ – _ = _
6 – 3 = 3	6 – 1 = 5	9 – 6 = 3	_ – _ = _
7 – 3 = 4	5 – 0 = 5	9 – 8 = 1	_ – _ = _

* Individuelle Lösungen Du hast _ von 46 Punkten erreicht.

1 Rechne. **6**

5 + 3 = 8 | 6 + 1 = 7 | 10 – 6 = 4

8 – 3 = 5 | 7 – 1 = 6 | 4 + 6 = 10

2 Rechne. **6**

5 → +2 → 7, 7 → –2 → 5 | 7 → +3 → 10, 10 → –3 → 7 | 3 → +4 → 7, 7 → –4 → 3

7 → +2 → 9, 9 → –2 → 7 | 3 → +5 → 8, 8 → –5 → 3 | 4 → +2 → 6, 6 → –2 → 4

3 Rechne. **8**

5 – 1 = 4	2 + 7 = 9	8 + 1 = 9	6 – 3 = 3
4 + 1 = 5	9 – 7 = 2	9 – 1 = 8	3 + 3 = 6
7 + 3 = 10	8 – 7 = 1	6 – 2 = 4	5 + 2 = 7
10 – 3 = 7	1 + 7 = 8	4 + 2 = 6	7 – 2 = 5

* **4** Erfinde eine eigene Umkehraufgabe. Male ein Bild. **4**

_ + _ = _

_ – _ = _

Du hast _ von 24 Punkten erreicht. * Individuelle Lösungen

1 Rechne. **6**

3 5 8	2 4 6	10 3 7	7 2 9
3 + 5 = 8	2 + 4 = 6	3 + 7 = 10	7 + 2 = 9
5 + 3 = 8	4 + 2 = 6	7 + 3 = 10	2 + 7 = 9
8 – 3 = 5	6 – 2 = 4	10 – 3 = 7	9 – 7 = 2
8 – 5 = 3	6 – 4 = 2	10 – 7 = 3	9 – 2 = 7

** **2** Finde passende Aufgabenfamilien. **8**

8 2 10	2 1 3	3 6 9	5 5 10
8 + 2 = 10	2 + 1 = 3	3 + 6 = 9	5 + 5 = 10
2 + 8 = 10	1 + 2 = 3	6 + 3 = 9	5 + 5 = 10
10 – 8 = 2	3 – 2 = 1	9 – 3 = 6	10 – 5 = 5
10 – 2 = 8	3 – 1 = 2	9 – 6 = 3	10 – 5 = 5

** **3** Finde eine passende Lösung. **7**

7 2 5 | 6 5 1 | 5 4 1

2 6 4 | 7 3 4 | 3 2 5

** **4** Finde 3 verschiedene Aufgabenfamilien. **4**

5 + 3 = 8	4 + 4 = 8	1 + 7 = 8
3 + 5 = 8	4 + 4 = 8	7 + 1 = 8
8 – 3 = 5	8 – 4 = 4	8 – 1 = 7
8 – 5 = 3	8 – 4 = 4	8 – 7 = 1

** Beispiellösungen Du hast _ von 25 Punkten erreicht.

1 Zähle, trage ein und male aus. **6**

orange: 𝍸 | | blau: 𝍸 𝍸 𝍸 | grün: 𝍸 𝍸 |

2 Zähle, trage ein und male aus. **6**

gelb: 𝍸 𝍸 ||| | blau: 𝍸 ||| | lila: 𝍸 ||

Du hast _ von 12 Punkten erreicht.

1 Immer 10. Bündele. Trage ein und verbinde. **3**

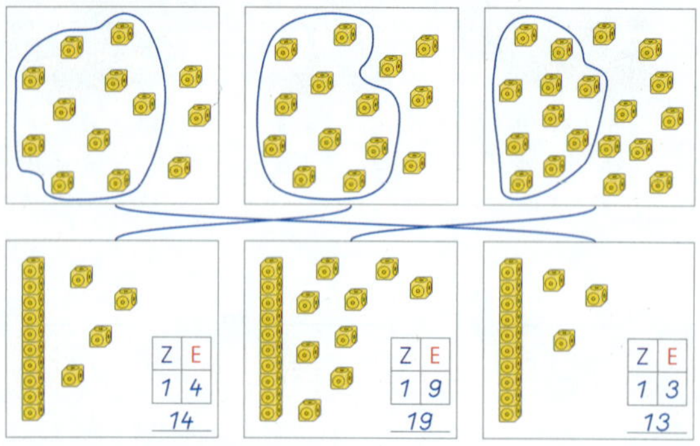

2 Immer 10. Bündele und trage ein. **9**

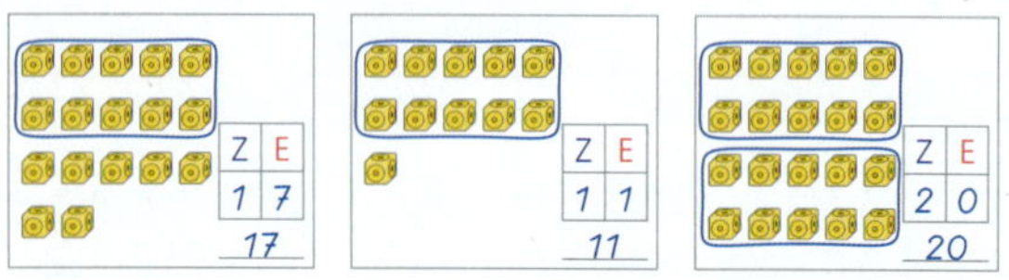

17 = 1Z + 7E   11 = 1Z + 1E   20 = 2Z + 0E

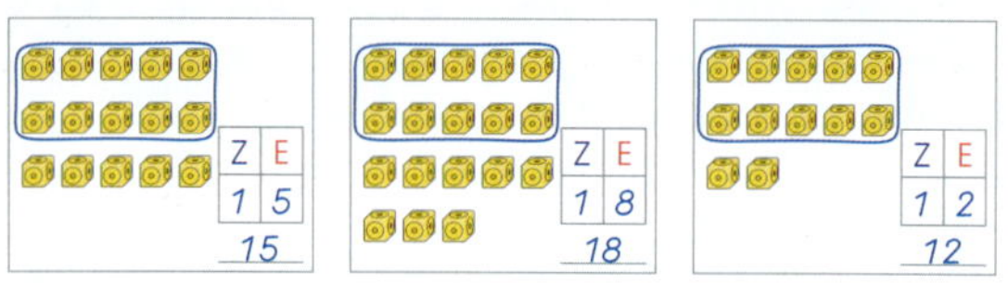

15 = 1Z + 5E   18 = 1Z + 8E   12 = 1Z + 2E

Du hast ___ von 12 Punkten erreicht.

1 Immer 10. Bündele und trage ein. Verbinde. **3**

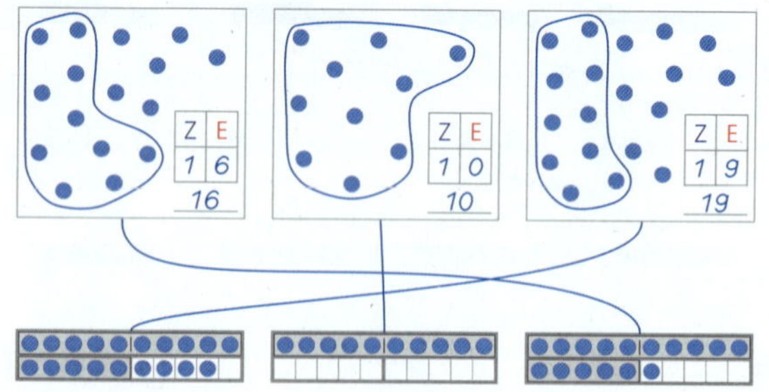

2 Male und rechne. **12**

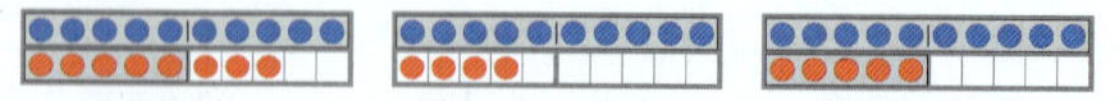

1 Z + 8 E = 18   1 Z + 4 E = 14   1 Z + 5 E = 15
10 + 8 = 18   10 + 4 = 14   10 + 5 = 15

1 Z + 1 E = 11   1 Z + 9 E = 19   1 Z + 3 E = 13
10 + 1 = 11   10 + 9 = 19   10 + 3 = 13

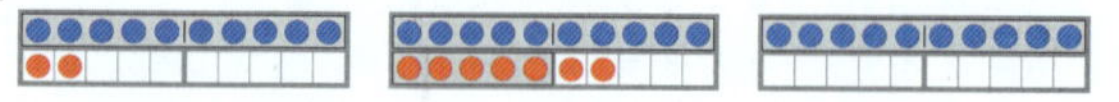

1 Z + 2 E = 12   1 Z + 7 E = 17   1 Z + 0 E = 10
10 + 2 = 12   10 + 7 = 17   10 + 0 = 10

Du hast ___ von 15 Punkten erreicht.

1 Zähle und trage ein. Setze ein: >, < oder = **3**

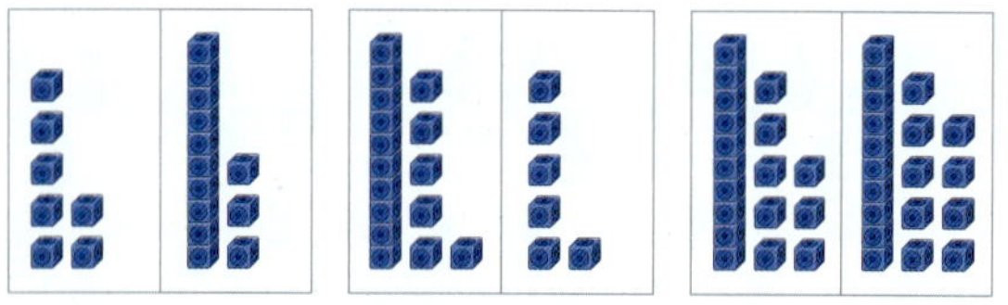

7 < 13   16 > 6   18 < 19

2 Setze ein: >, < oder = **3**

7 > 6   11 < 20   0 < 15
5 < 14   13 = 13   18 > 12
2 < 12   10 < 19   9 < 16
18 > 8   17 > 14   10 > 1

** **3** Setze passende Zahlen ein. **6**

6 > 3 + 2   8 – 0 > 3   1 + 8 < 10
6 > 2 + 2   8 – 6 > 1   3 + 3 < 10
6 > 1 + 2   8 – 3 > 4   2 + 4 < 10
6 > 0 + 2   8 – 0 > 7   0 + 9 < 10

4 Rechne und setze ein: >, < oder = **9**

18 = 10 + 8   12 < 10 + 4   7 + 10 < 20
11 < 10 + 5   17 > 10 + 2   6 + 3 < 13
13 = 10 + 3   19 > 10 + 8   10 + 10 = 20

** Beispiellösungen

Du hast ___ von 21 Punkten erreicht.

1 Trage ein. **4**

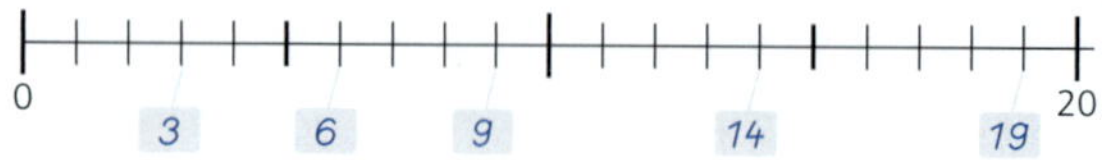

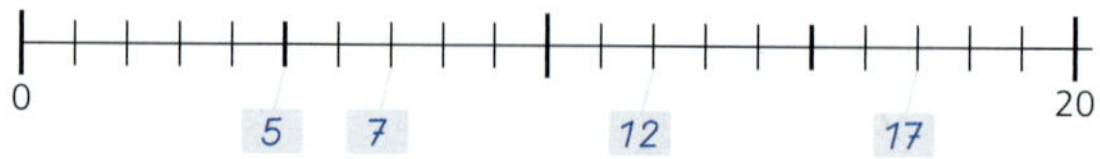

2 Verbinde. **2**

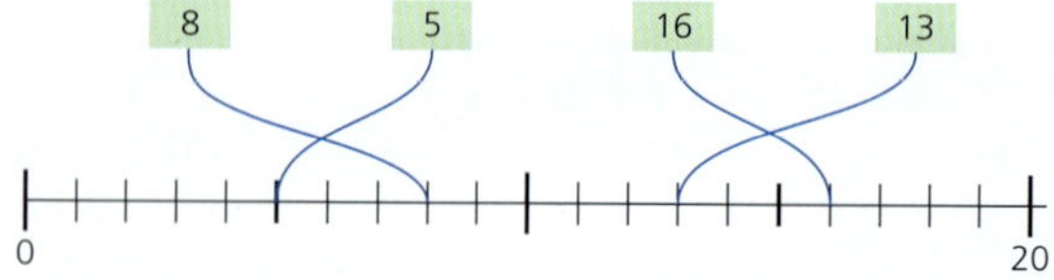

3 Trage ein. **8**

1	2	3		4	5	6
15	16	17		9	10	11
12	13	14		11	12	13
16	17	18		19	20	21

Du hast ___ von 14 Punkten erreicht.

1 Male an. **3**

grün	1.	3.	5.	11.	12.	18.	
blau	4.	7.	8.	13.	15.	16.	19.
gelb	2.	6.	9.	10.	14.	17.	20.

3

2 Trage ein. **4**

blau	3.	9.	10.	14.	16.	18.	19.	
grün	2.	4.	8.	11.	13.	15.	17.	20.
orange	1.	5.	6.	7.	12.			

3 Setze fort. Zeichne die Pfeile und male an.

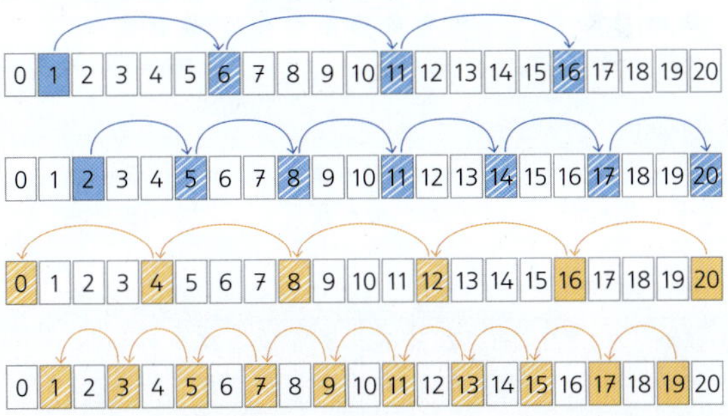

18 Du hast ___ von 10 Punkten erreicht.

1 Rechne die kleine Aufgabe zuerst. **5**

15 + 4 = 19 11 + 7 = 18 12 + 8 = 20 14 + 5 = 19
5 + 4 = 9 1 + 7 = 8 2 + 8 = 10 4 + 5 = 9

2 Rechne die kleine Aufgabe zuerst. **5**

17 − 6 = 11 14 − 4 = 10 13 − 1 = 12 20 − 7 = 13
7 − 6 = 1 4 − 4 = 0 3 − 1 = 2 10 − 7 = 3

3 Rechne. **4**

+	5	6	7
3	8	9	10
13	18	19	20

−	4	5	6
7	3	2	1
17	13	12	11

4 Finde die Nachbaraufgaben. Rechne. **5**

2 + 2 = 4	1 + 3 = 4	14 + 4 = 18	13 + 5 = 18
2 + 3 = 5	2 + 3 = 5	14 + 5 = 19	14 + 5 = 19
2 + 4 = 6	3 + 3 = 6	14 + 6 = 20	15 + 5 = 20

5 Finde die Nachbaraufgaben. Rechne. **5**

8 − 3 = 5	7 − 4 = 3	19 − 6 = 13	18 − 7 = 11
8 − 4 = 4	8 − 4 = 4	19 − 7 = 12	19 − 7 = 12
8 − 5 = 3	9 − 4 = 5	19 − 8 = 11	20 − 7 = 13

Du hast ___ von 24 Punkten erreicht. 19

1 Wie viel Cent sind es? Trage ein. **3**

7 ct 16 ct

2 Wie viel Euro sind es? Trage ein. **3**

15 € 9 €

3 Trage ein. **5**

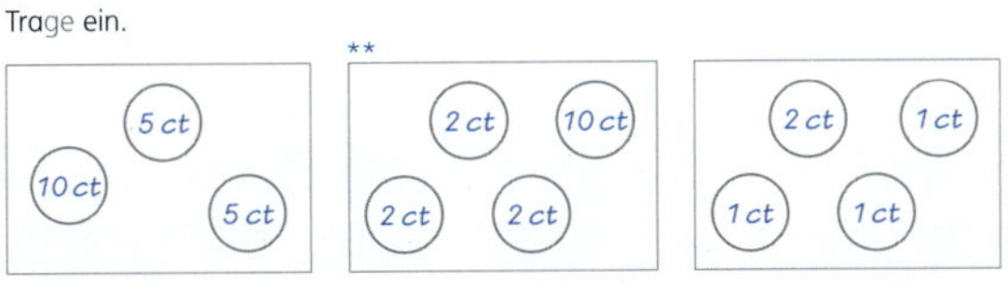

20 ct 16 ct 5 ct

4 Trage ein. **6**

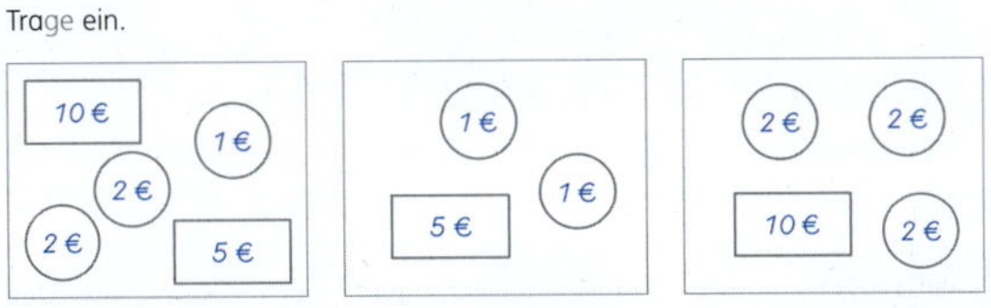

20 € 7 € 16 €

5 Setze ein: >, < oder = **6**

4 ct < 5 ct 5 € > 3 €

20 ** Beispiellösungen Du hast ___ von 23 Punkten erreicht.

** **1** Wie bezahlst du? Male. **4**

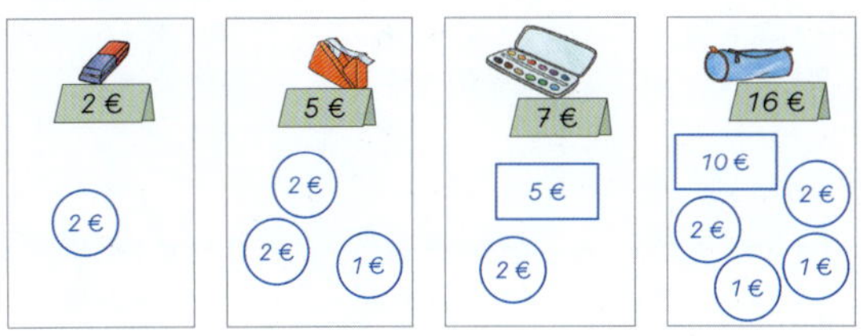

** **2** Wie bezahlst du? Rechne und male. **6**

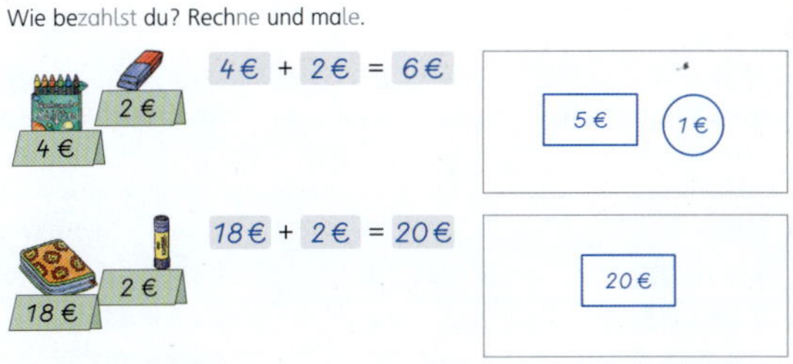

4 € + 2 € = 6 €

18 € + 2 € = 20 €

3 Rechne. **4**

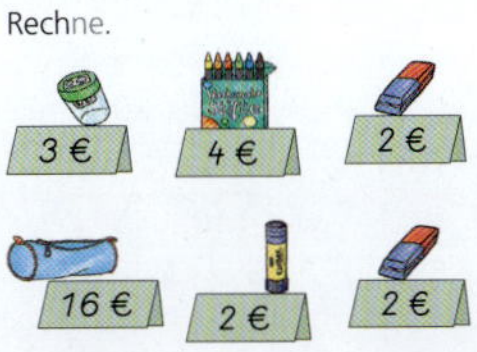

3 € + 4 € + 2 € = 9 €

16 € + 2 € + 2 € = 20 €

4 Rechne. **6**

5 € + 3 € = 8 € 10 € + 6 € = 16 € 13 € − 2 € = 11 €
2 € + 7 € = 9 € 13 € + 1 € = 14 € 20 € − 6 € = 14 €

Du hast ___ von 20 Punkten erreicht. ** Beispiellösungen 21

Seite 22

1 Finde das Spiegelbild. Kreuze an. **4**

2 Male das Spiegelbild. **8**

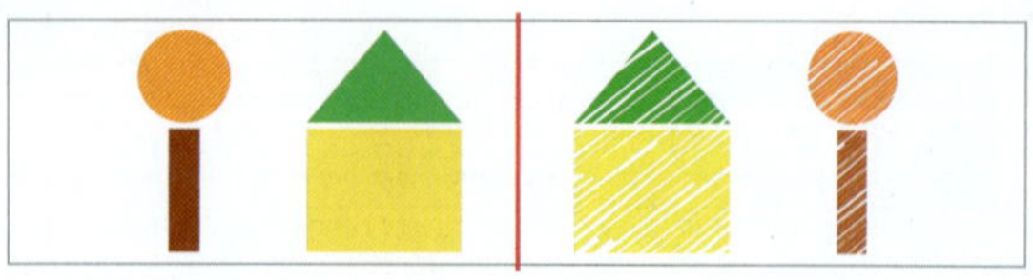

3 Zeichne das Spiegelbild. **4**

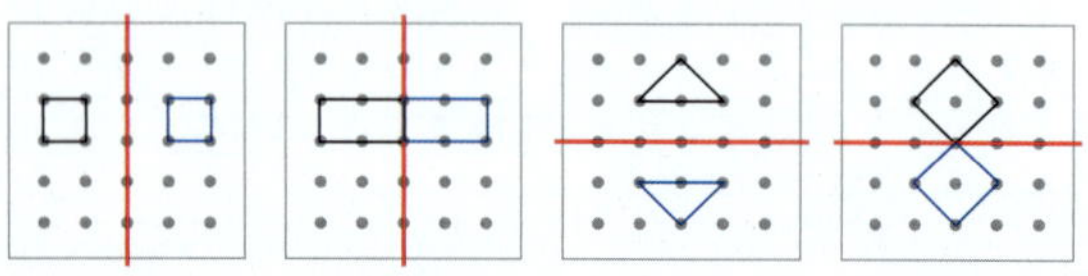

4 Finde Spiegelachsen. Zeichne sie rot ein. **6**

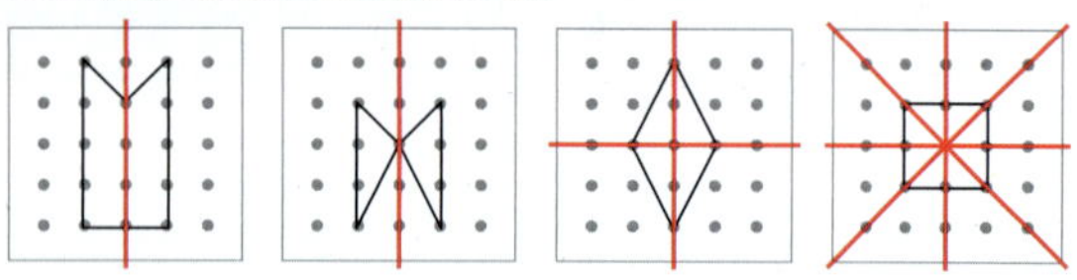

22

Du hast ___ von 22 Punkten erreicht.

Seite 23

1 Verdopple. Male und rechne. **3**

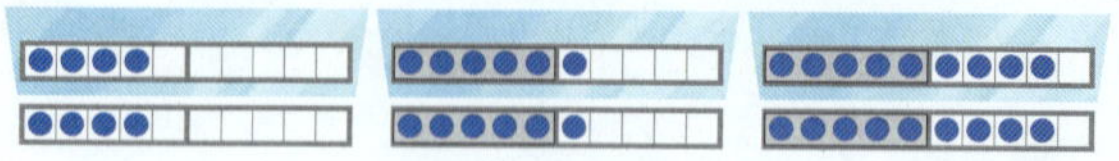

4 + 4 = 8 6 + 6 = 12 9 + 9 = 18

2 Rechne. **6**

6 + 6 = 12 7 + 7 = 14 9 + 9 = 18
8 + 8 = 16 3 + 3 = 6 4 + 4 = 8

3 Trage ein. **5**

Zahl	1	2	4	8	9	3
Das Doppelte	2	4	8	16	18	6

4 Halbiere. Zeichne einen Strich und rechne. **3**

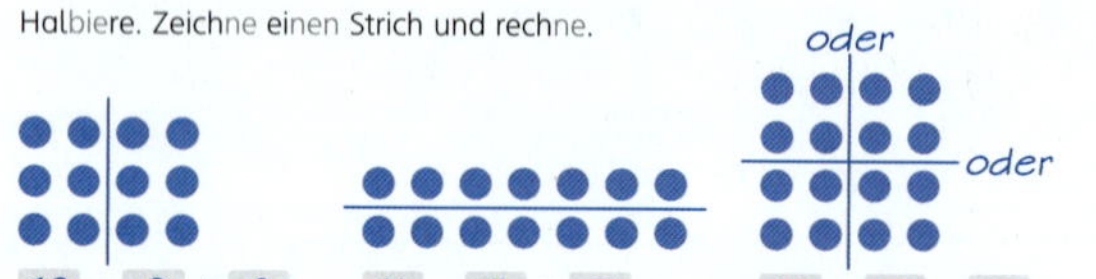

12 = 6 + 6 14 = 7 + 7 16 = 8 + 8

5 Halbiere. **6**

4 = 2 + 2 6 = 3 + 3 10 = 5 + 5
12 = 6 + 6 16 = 8 + 8 18 = 9 + 9

6 Trage ein. **5**

Zahl	0	2	6	8	12	16
Die Hälfte	0	1	3	4	6	8

Du hast ___ von 28 Punkten erreicht.

23

Seite 24

1 Rechne. **3**

7 + 3 = 10 8 + 2 = 10 10 = 4 + 6
9 + 1 = 10 4 + 6 = 10 10 = 8 + 2

2 Rechne geschickt. **3**

8 + 5 + 2 = 15 3 + 4 + 7 = 14 9 + 5 + 1 = 15
6 + 4 + 9 = 19 2 + 8 + 7 = 17 3 + 7 + 8 = 18

3 Rechne in Schritten. **6**

7 + 6 = 13 4 + 8 = 12 2 + 9 = 11
7 + 3 + 3 = 13 4 + 6 + 2 = 12 2 + 8 + 1 = 11

4 Rechne. **9**

6 + 9 = 15 8 + 5 = 13 7 + 7 = 14
7 + 8 = 15 3 + 9 = 12 7 + 6 = 13
4 + 9 = 13 3 + 8 = 11 6 + 8 = 14

5 Rechne. **7**

Zahlenmauern:
12 / 7 5
18 / 11 7 / 9 2 5
16 / 10 6 / 8 2 4

24

Du hast ___ von 28 Punkten erreicht.

Seite 25

1 Rechne. **3**

15 – 5 = 10 17 – 7 = 10 19 – 9 = 10
18 – 8 = 10 13 – 3 = 10 16 – 6 = 10

2 Rechne geschickt. **3**

18 – 1 – 8 = 9 17 – 5 – 7 = 5 16 – 2 – 6 = 8
13 – 7 – 3 = 3 15 – 2 – 5 = 8 19 – 6 – 9 = 4

3 Rechne in Schritten. **6**

13 – 8 = 5 15 – 9 = 6 11 – 3 = 8
13 – 3 – 5 = 5 15 – 5 – 4 = 6 11 – 1 – 2 = 8

4 Rechne. **9**

15 – 8 = 7 17 – 7 = 10 14 – 5 = 9
12 – 4 = 8 13 – 7 = 6 11 – 6 = 5
18 – 9 = 9 15 – 9 = 6 16 – 8 = 8

5 Rechne. **7**

Zahlenmauer: 17 / 8 9

Rechendreiecke:
15, 6, 10 / 9, 4 / 13
15, 6, 13 / 9, 7 / 16

Du hast ___ von 28 Punkten erreicht.

25

1 Schreibe zu jedem Bild eine passende Rechnung. **2**

5 + 3 = 8

15 – 4 = 11

2 Rechne. **4**

F: Wie viele Muffins haben keine Kerze?

R: 15 – 7 = 8

A: Es sind 8 Muffins.

F: Wie viele Kinder sind es zusammen?

R: 8 + 4 = 12

A: Es sind 12 Kinder.

3 Rechne. **6**

Max und Sofia sind Geschwister. Sie sind zusammen 10 Jahre alt. Max ist 7 Jahre alt.

F: Wie alt ist Sofia?

L: ●●●●●●●●●●

R: 10 – 7 = 3

A: Sie ist 3 Jahre alt.

Tim hat heute 5 Äpfel, 3 Birnen und 8 Kirschen gekauft.

F: Wie viele Früchte hat Tim gekauft?

L: ●●●●●●●●●●
●●●●●●

R: 5 + 3 + 8 = 16

A: Er hat 16 Früchte gekauft.

Du hast ☐ von 12 Punkten erreicht.

1 Welche Körper passen zusammen? Verbinde. **10**

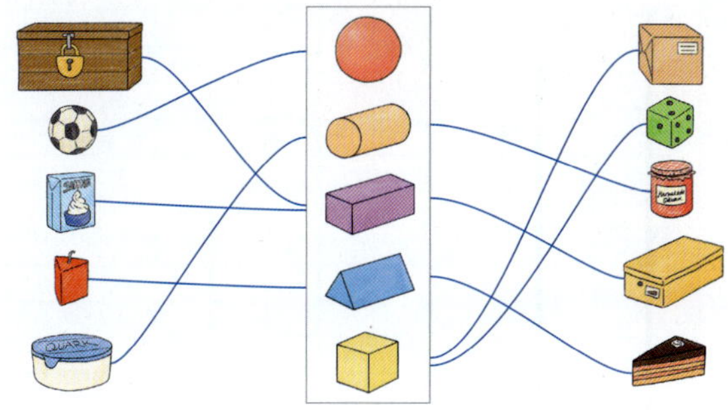

2 Benenne die Körper. Schreibe. **4**

Prisma | Würfel | Rechteck | Zylinder

3 Was stimmt? Kreuze das Richtige an. **4**

☒ kann kippen.

☒ kann rollen.

☐ kann kippen und ist rund.

☒ kann kippen und ist eckig.

4 Welcher Körper funktioniert als Nudelholz? Kreuze an. **2**

☐ Prisma ☒ Zylinder ☐ Würfel

Du hast ☐ von 20 Punkten erreicht.

1 Wie viel Euro bleiben übrig? Male und rechne. **6**

18 €

9 + 7 = 16

2 € bleiben übrig.

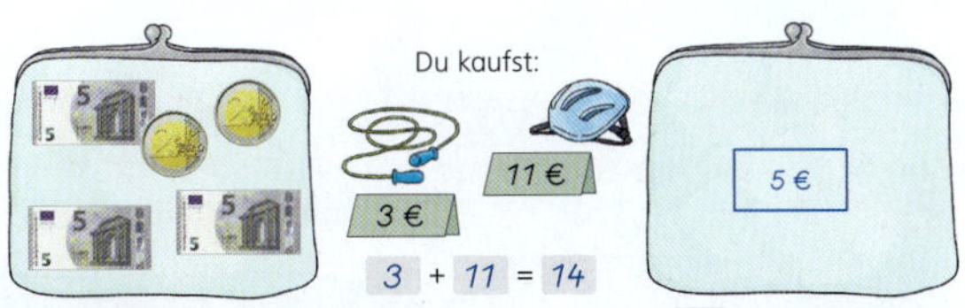

19 €

3 + 11 = 14

5 € bleiben übrig.

2 Wie viel Euro bekommst du zurück? **8**

R: 10 € – 4 € = 6 €

A: Ich bekomme 6 € zurück.

R: 20 € – 7 € = 13 €

A: Ich bekomme 13 € zurück.

R: 5 € – 2 € = 3 €

A: Ich bekomme 3 € zurück.

R: 5 € – 5 € = 0 €

A: Ich bekomme 0 € zurück.

Du hast ☐ von 14 Punkten erreicht.

1 Welche Uhrzeit passt? Verbinde und trage ein. **6**

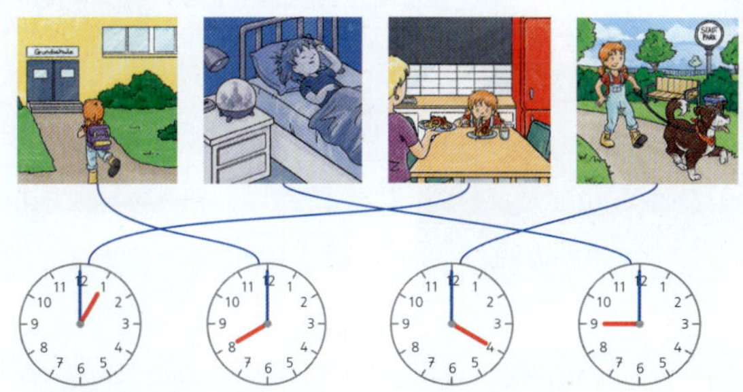

13 Uhr | 8 Uhr | 16 Uhr | 21 Uhr

2 Trage ein. **8**

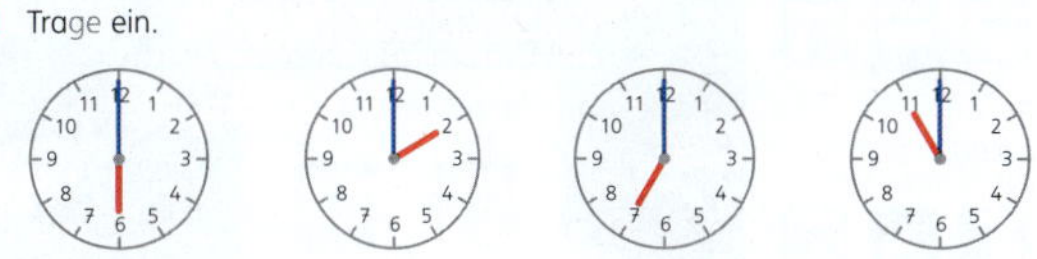

6 Uhr	2 Uhr	7 Uhr	11 Uhr
18 Uhr	14 Uhr	19 Uhr	23 Uhr

3 Male die Zeiger. Trage ein. **4**

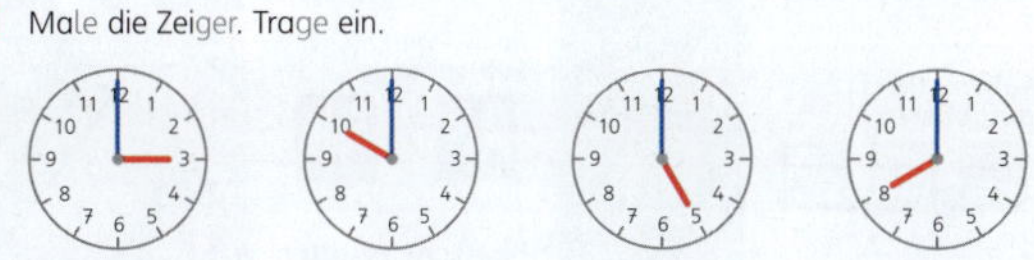

3 Uhr	10 Uhr	5 Uhr	8 Uhr
15 Uhr	22 Uhr	17 Uhr	20 Uhr

Du hast ☐ von 18 Punkten erreicht.

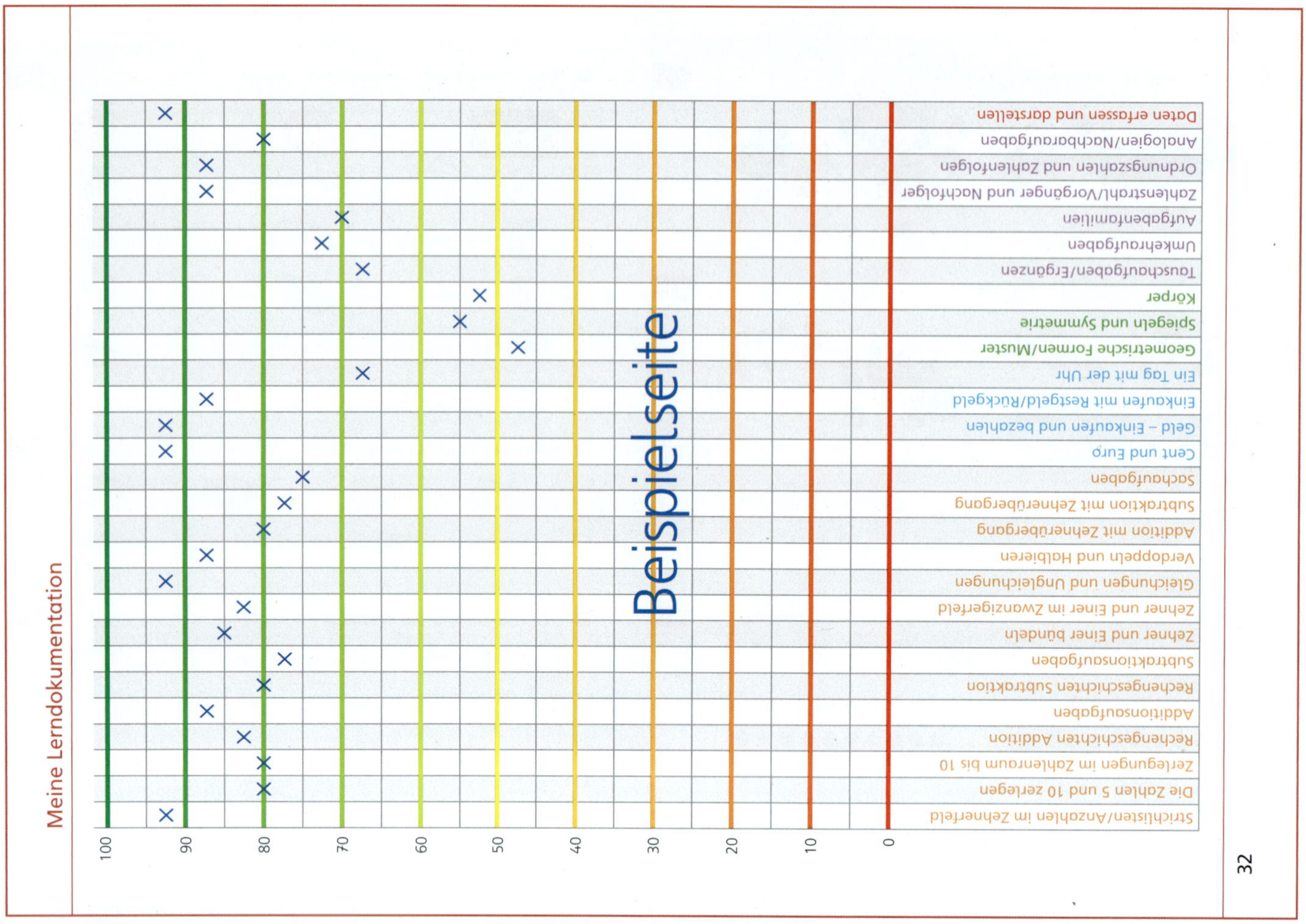
Meine Lerndokumentation
Beispielseite
Strichlisten/Anzahlen im Zehnerfeld
Die Zahlen 5 und 10 zerlegen
Zerlegungen im Zahlenraum bis 10
Rechengeschichten Addition
Additionsaufgaben
Rechengeschichten Subtraktion
Subtraktionsaufgaben
Zehner und Einer bündeln
Zehner und Einer im Zwanzigerfeld
Gleichungen und Ungleichungen
Verdoppeln und Halbieren
Addition mit Zehnerübergang
Subtraktion mit Zehnerübergang
Sachaufgaben
Cent und Euro
Geld – Einkaufen und bezahlen
Einkaufen mit Restgeld/Rückgeld
Ein Tag mit der Uhr
Geometrische Formen/Muster
Spiegeln und Symmetrie
Körper
Tauschaufgaben/Ergänzen
Umkehraufgaben
Aufgabenfamilien
Zahlenstrahl/Vorgänger und Nachfolger
Ordnungszahlen und Zahlenfolgen
Analogien/Nachbaraufgaben
Daten erfassen und darstellen
100
90
80
70
60
50
40
30
20
10
0
32

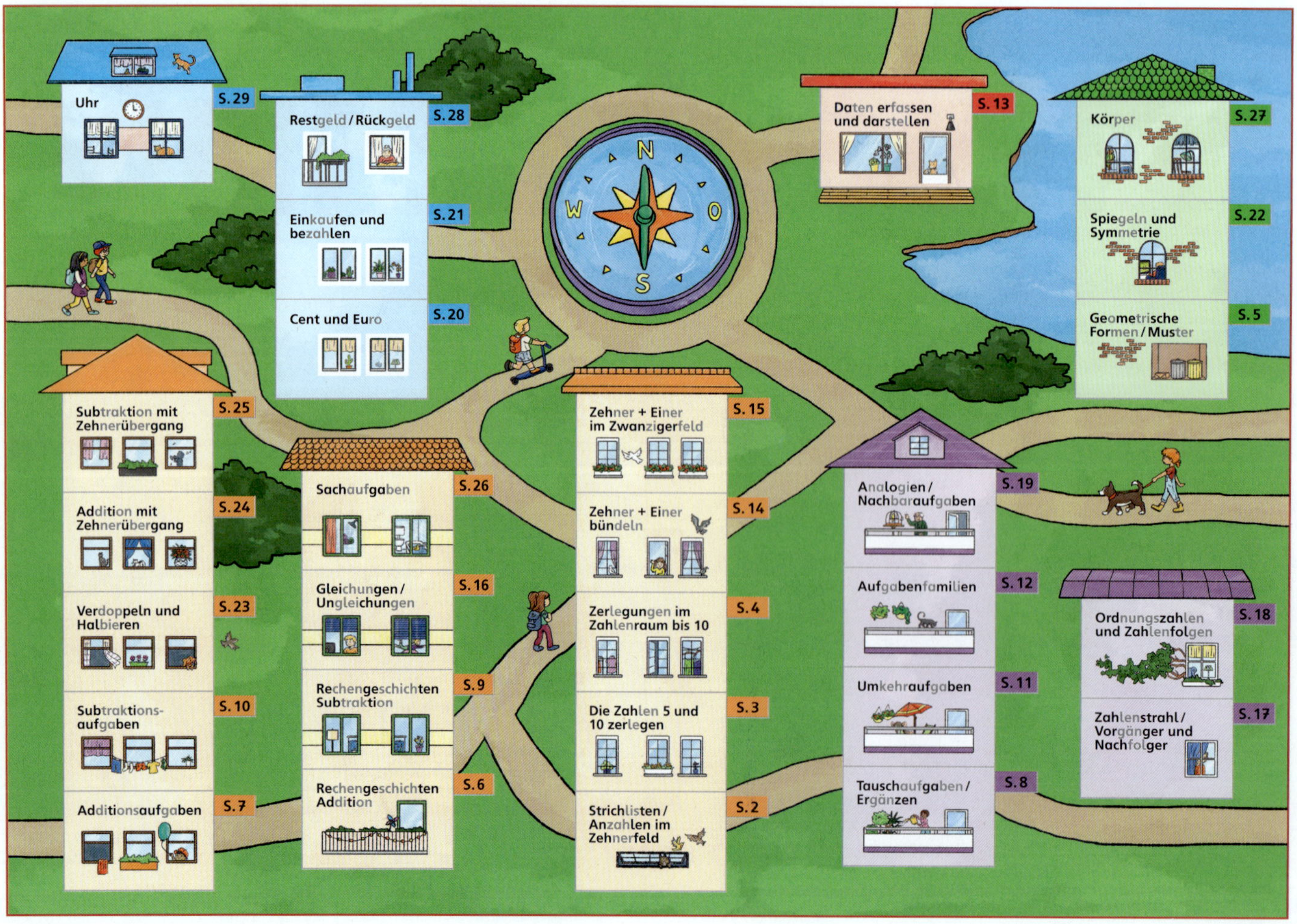
Uhr S. 29
Restgeld / Rückgeld S. 28
Einkaufen und bezahlen S. 21
Cent und Euro S. 20
Daten erfassen und darstellen S. 13
Körper S. 27
Spiegeln und Symmetrie S. 22
Geometrische Formen / Muster S. 5
N
W
O
S
Subtraktion mit Zehnerübergang S. 25
Addition mit Zehnerübergang S. 24
Verdoppeln und Halbieren S. 23
Subtraktions-aufgaben S. 10
Additionsaufgaben S. 7
Sachaufgaben S. 26
Gleichungen / Ungleichungen S. 16
Rechengeschichten Subtraktion S. 9
Rechengeschichten Addition S. 6
Zehner + Einer im Zwanzigerfeld S. 15
Zehner + Einer bündeln S. 14
Zerlegungen im Zahlenraum bis 10 S. 4
Die Zahlen 5 und 10 zerlegen S. 3
Strichlisten / Anzahlen im Zehnerfeld S. 2
Analogien / Nachbaraufgaben S. 19
Aufgabenfamilien S. 12
Umkehraufgaben S. 11
Tauschaufgaben / Ergänzen S. 8
Ordnungszahlen und Zahlenfolgen S. 18
Zahlenstrahl / Vorgänger und Nachfolger S. 17

1 Trage ein.

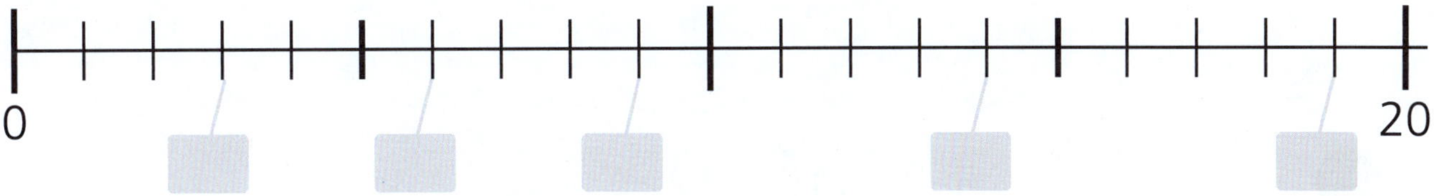

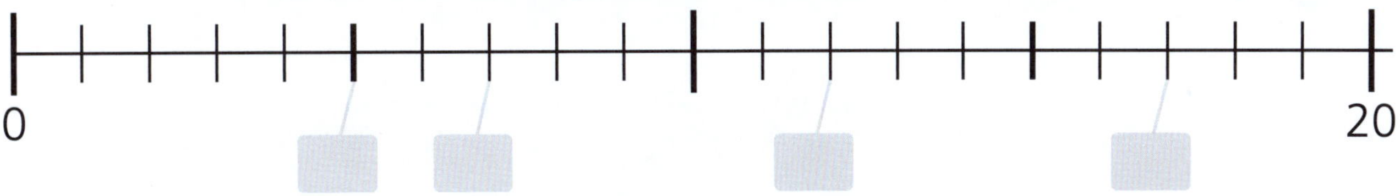

2 Verbinde.

8 5 16 13

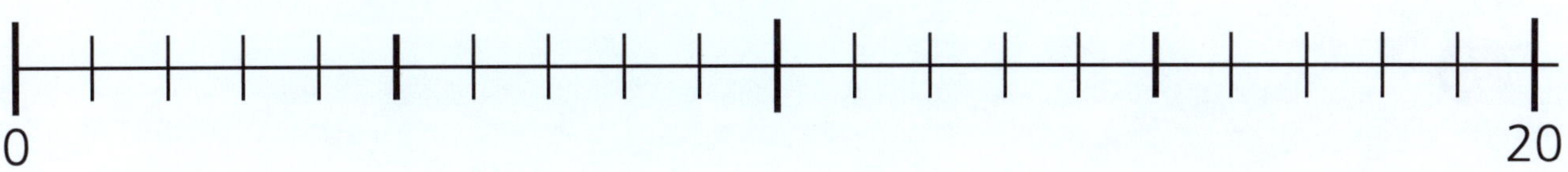

3 Trage ein.

	2	
15		
		14
	17	

		6
9		
	12	
		21

Diese Aufgaben waren für mich ☺ 😐 ☹

1 Male an.

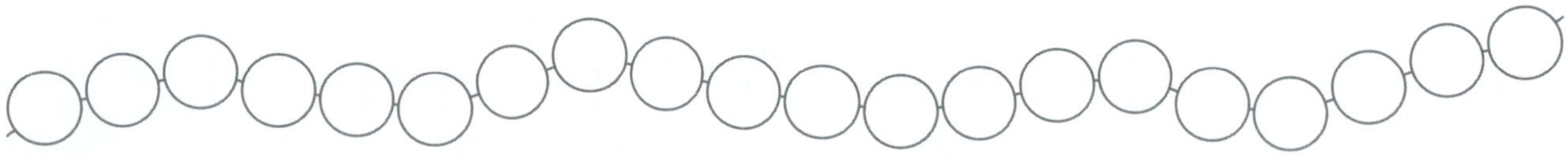

1.	3.	5.	11.	12.	18.	
4.	7.	8.	13.	15.	16.	19.
2.	6.	9.	10.	14.	17.	20.

2 Trage ein.

3 Setze fort. Zeichne die Pfeile und male an.

0	1	2	3	4	5	6	7	8	9	10	11	12	13	14	15	16	17	18	19	20

0	1	2	3	4	5	6	7	8	9	10	11	12	13	14	15	16	17	18	19	20

0	1	2	3	4	5	6	7	8	9	10	11	12	13	14	15	16	17	18	19	20

0	1	2	3	4	5	6	7	8	9	10	11	12	13	14	15	16	17	18	19	20

Diese Aufgaben waren für mich ☺ 😐 ☹

1 Rechne die kleine Aufgabe zuerst.

15 + 4 = ☐ 11 + 7 = ☐ 12 + 8 = ☐ 14 + 5 = ☐

☐ + ☐ = ☐ ☐ + ☐ = ☐ ☐ + ☐ = ☐ ☐ + ☐ = ☐

2 Rechne die kleine Aufgabe zuerst.

17 – 6 = ☐ 14 – 4 = ☐ 13 – 1 = ☐ 20 – 7 = ☐

☐ – ☐ = ☐ ☐ – ☐ = ☐ ☐ – ☐ = ☐ ☐ – ☐ = ☐

3 Rechne.

+	5	6	7
3			
13			

–	4	5	6
7			
17			

4 Finde die Nachbaraufgaben. Rechne.

☐ + ☐ = ☐	☐ + ☐ = ☐
2 + 3 = ☐	2 + 3 = ☐
☐ + ☐ = ☐	☐ + ☐ = ☐

☐ + ☐ = ☐	☐ + ☐ = ☐
14 + 5 = ☐	☐ + ☐ = ☐
☐ + ☐ = ☐	☐ + ☐ = ☐

5 Finde die Nachbaraufgaben. Rechne.

☐ – ☐ = ☐	☐ – ☐ = ☐
8 – 4 = ☐	8 – 4 = ☐
☐ – ☐ = ☐	☐ – ☐ = ☐

☐ – ☐ = ☐	☐ – ☐ = ☐
19 – 7 = ☐	☐ – ☐ = ☐
☐ – ☐ = ☐	☐ – ☐ = ☐

Diese Aufgaben waren für mich ☺ 😐 ☹

1 Wie viel Cent sind es? Trage ein.

___ ct

___ ct

2 Wie viel Euro sind es? Trage ein.

___ €

___ €

3 Trage ein.

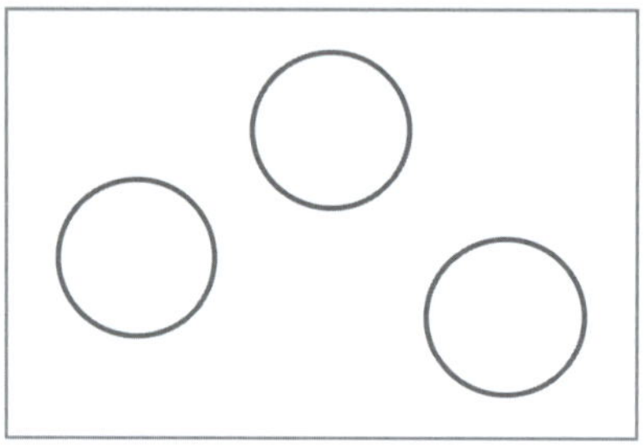

20 ct

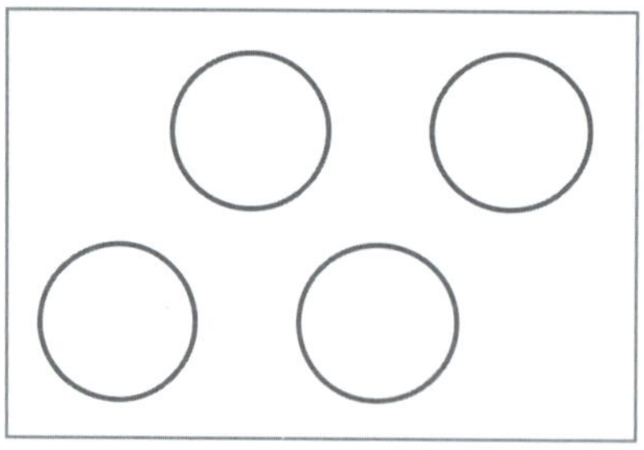

16 ct

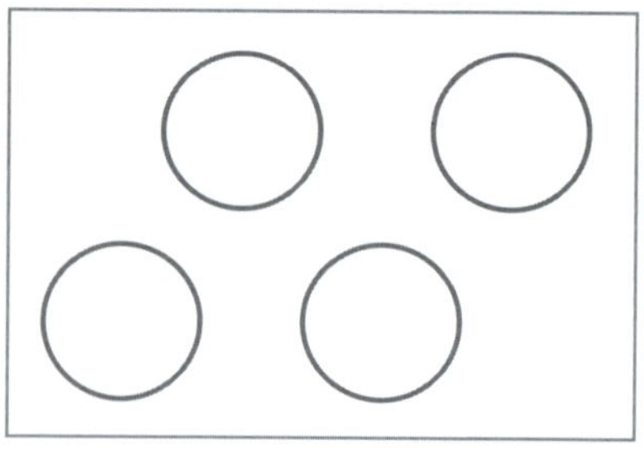

5 ct

4 Trage ein.

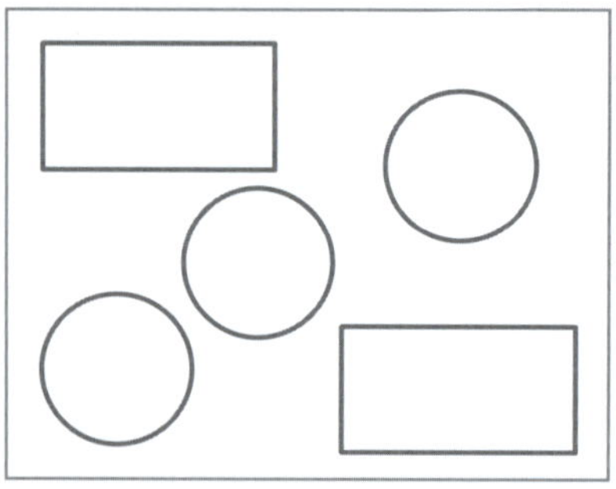

20 €

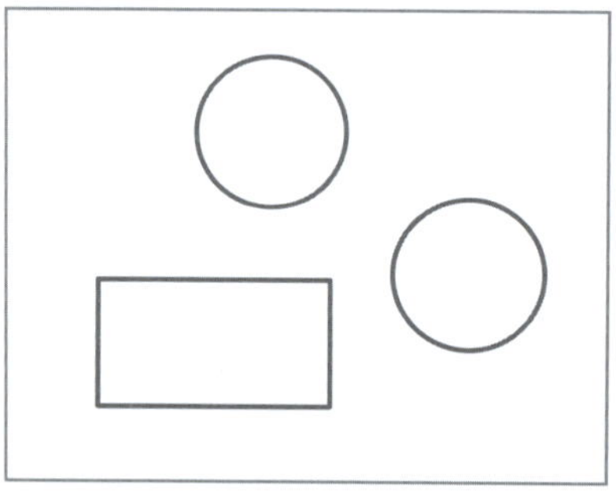

7 €

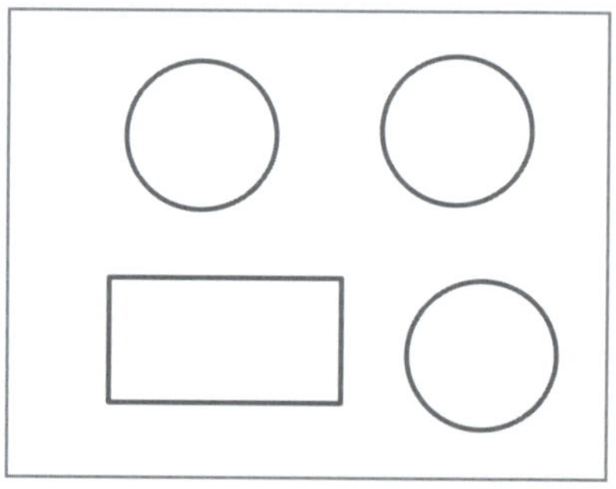

16 €

5 Setze ein: >, < oder =

___ ct ○ ___ ct

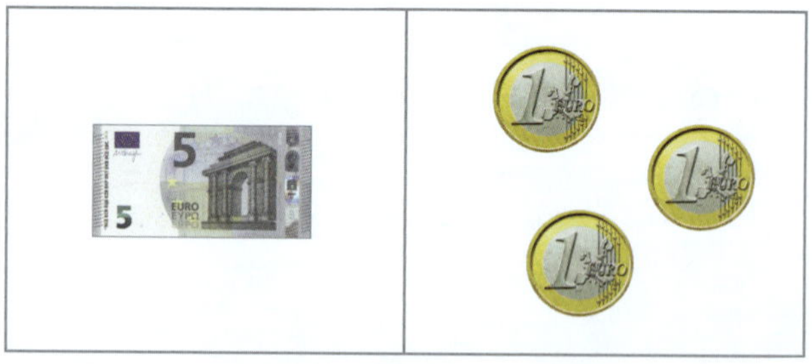

___ € ○ ___ €

Diese Aufgaben waren für mich ☺ 😐 ☹

1 Wie bezahlst du? Male.

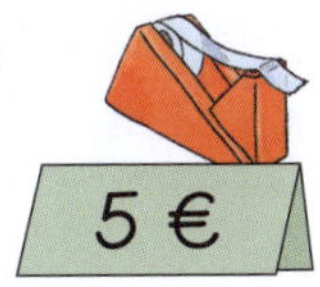

2 Wie bezahlst du? Rechne und male.

___ + ___ = ___

___ + ___ = ___

3 Rechne.

___ + ___ + ___ = ___

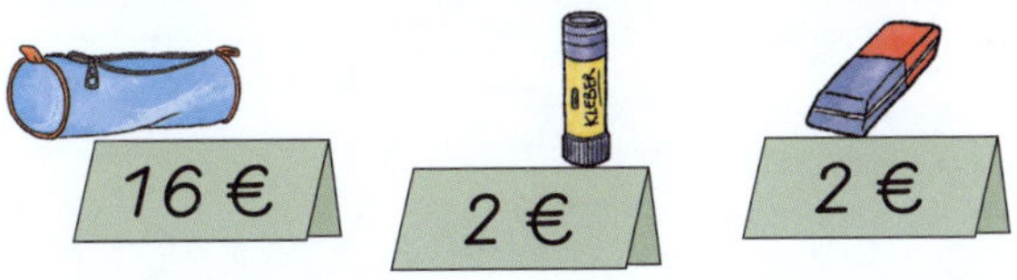

___ + ___ + ___ = ___

4 Rechne.

5 € + 3 € = ___
2 € + 7 € = ___

10 € + 6 € = ___
13 € + 1 € = ___

13 € – 2 € = ___
20 € – 6 € = ___

1 Finde das Spiegelbild. Kreuze an.

2 Male das Spiegelbild.

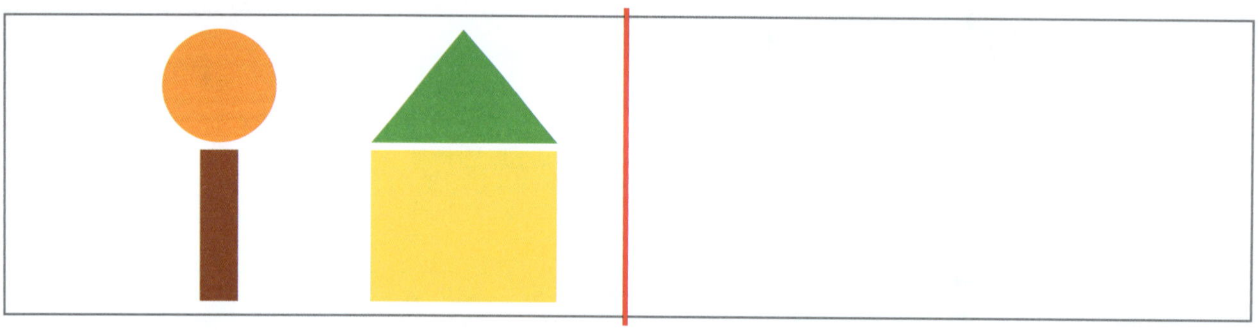

3 Zeichne das Spiegelbild.

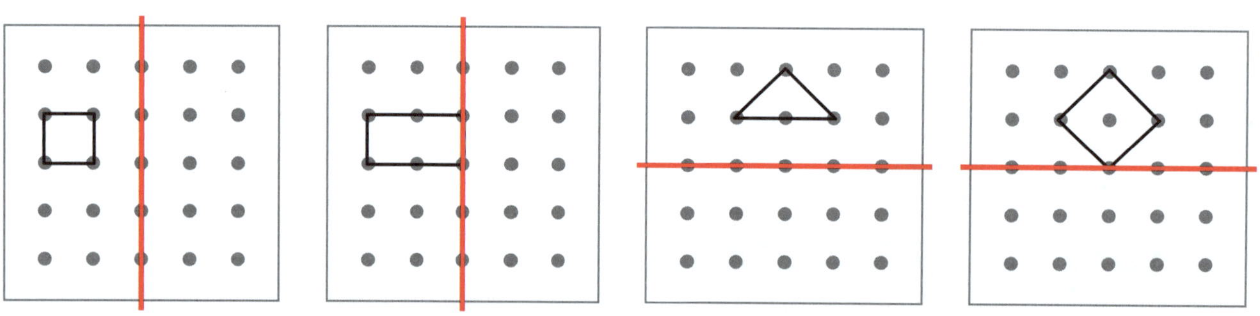

4 Finde Spiegelachsen. Zeichne sie rot ein.

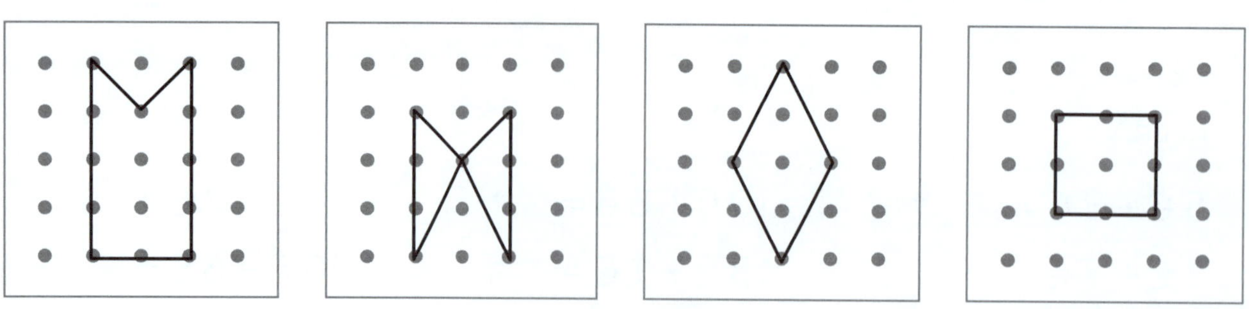

Diese Aufgaben waren für mich ☺ 😐 ☹

1 Verdopple. Male und rechne.

___ + ___ = ___ ___ + ___ = ___ ___ + ___ = ___

2 Rechne.

6 + 6 = ___ 7 + 7 = ___ 9 + 9 = ___

8 + 8 = ___ 3 + 3 = ___ 4 + 4 = ___

3 Trage ein.

Zahl	1	2	4		9	
Das Doppelte	2			16		6

4 Halbiere. Zeichne einen Strich und rechne.

___ = ___ + ___ ___ = ___ + ___ ___ = ___ + ___

5 Halbiere.

4 = ___ + ___ 6 = ___ + ___ 10 = ___ + ___

12 = ___ + ___ 16 = ___ + ___ 18 = ___ + ___

6 Trage ein.

Zahl	0	2	6	8	12	16
Die Hälfte	0					

Diese Aufgaben waren für mich ☺ 😐 ☹

1 Rechne.

7 + ☐ = 10   8 + ☐ = 10   10 = ☐ + 6

9 + ☐ = 10   4 + ☐ = 10   10 = ☐ + 2

2 Rechne geschickt.

8 + 5 + 2 = ☐   3 + 4 + 7 = ☐   9 + 5 + 1 = ☐

6 + 4 + 9 = ☐   2 + 8 + 7 = ☐   3 + 7 + 8 = ☐

3 Rechne in Schritten.

7 + **6** = ☐   4 + **8** = ☐   2 + **9** = ☐

☐ + ☐ + ☐ = ☐   ☐ + ☐ + ☐ = ☐   ☐ + ☐ + ☐ = ☐

4 Rechne.

6 + 9 = ☐   8 + 5 = ☐   7 + 7 = ☐

7 + 8 = ☐   3 + 9 = ☐   7 + 6 = ☐

4 + 9 = ☐   3 + 8 = ☐   6 + 8 = ☐

5 Rechne.

Diese Aufgaben waren für mich

1 Rechne.

15 – ___ = 10   17 – ___ = 10   19 – ___ = 10
18 – ___ = 10   13 – ___ = 10   16 – ___ = 10

2 Rechne geschickt.

18 – 1 – 8 = ___   17 – 5 – 7 = ___   16 – 2 – 6 = ___
13 – 7 – 3 = ___   15 – 2 – 5 = ___   19 – 6 – 9 = ___

3 Rechne in Schritten.

13 – **8** = ___   15 – **9** = ___   11 – **3** = ___
___ – ___ – ___ = ___   ___ – ___ – ___ = ___   ___ – ___ – ___ = ___

4 Rechne.

15 – 8 = ___   17 – 7 = ___   14 – 5 = ___
12 – 4 = ___   13 – 7 = ___   11 – 6 = ___
18 – 9 = ___   15 – 9 = ___   16 – 8 = ___

5 Rechne.

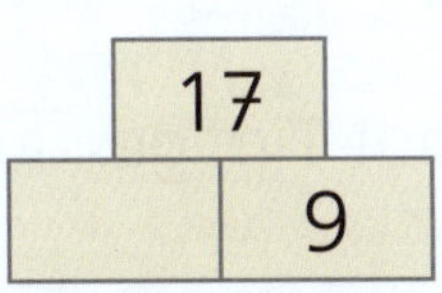

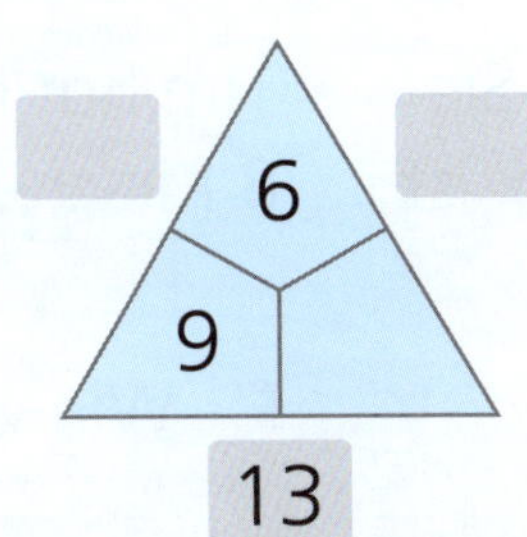

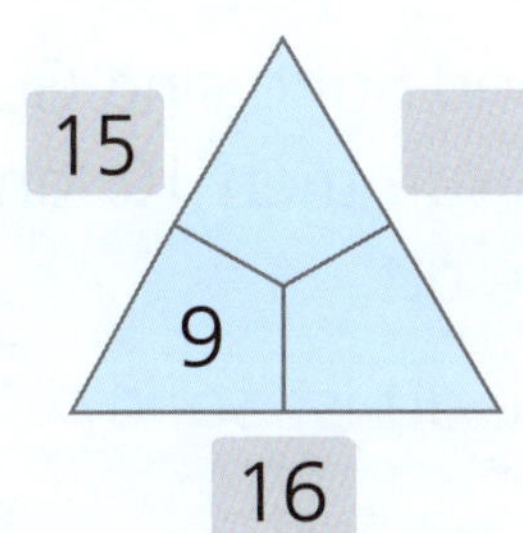

Diese Aufgaben waren für mich ☺ 😐 ☹

zu Schülerbuchseite 115–116

1 Schreibe zu jedem Bild eine passende Rechnung.

☐ + ☐ = ☐

☐ – ☐ = ☐

2 Rechne.

F: Wie viele Muffins haben keine Kerze?

R:

A: Es sind ☐ Muffins.

F: Wie viele Kinder sind es zusammen?

R:

A: Es sind ☐ Kinder.

3 Rechne.

Max und Sofia sind Geschwister. Sie sind zusammen 10 Jahre alt. Max ist 7 Jahre alt.

F: Wie alt ist Sofia?

L:

R:

A: Sie ist ☐ Jahre alt.

Tim hat heute 5 Äpfel, 3 Birnen und 8 Kirschen gekauft.

F: Wie viele Früchte hat Tim gekauft?

L:

R:

A: Er hat ☐ Früchte gekauft.

Diese Aufgaben waren für mich ☺ 😐 ☹

1 Welche Körper passen zusammen? Verbinde.

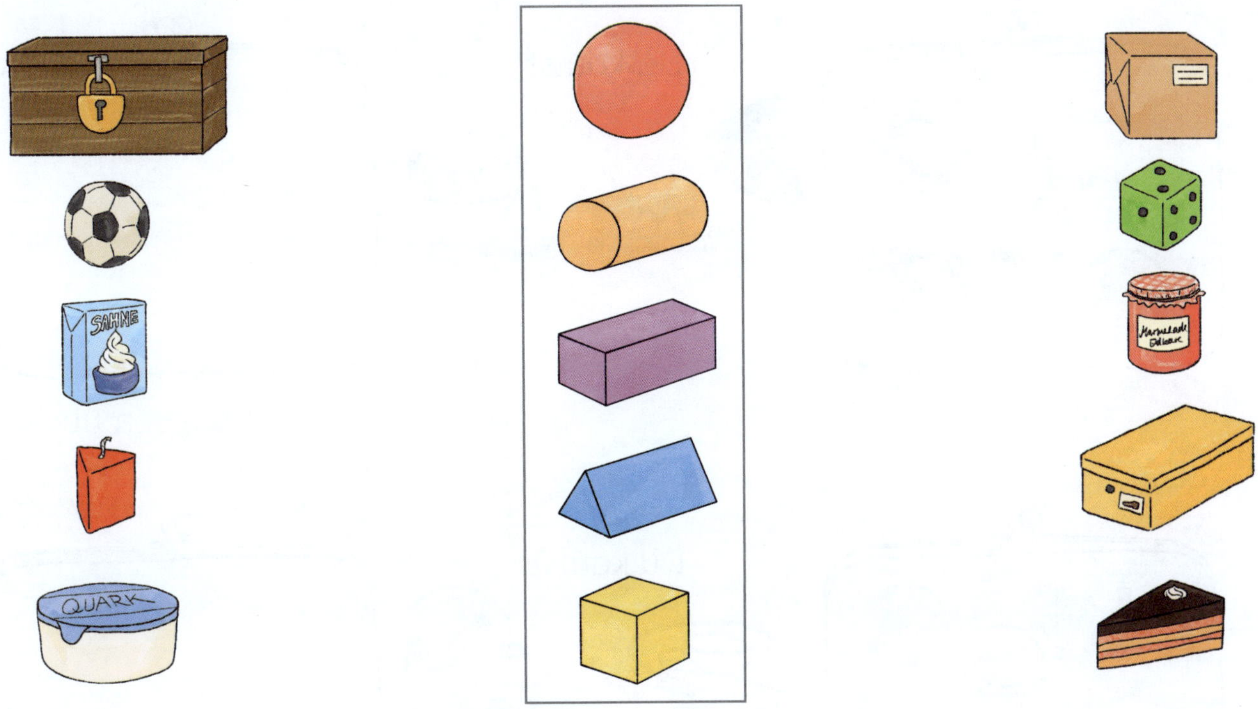

2 Benenne die Körper. Schreibe.

3 Was stimmt? Kreuze das Richtige an.

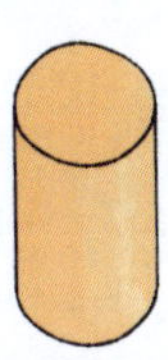

- kann kippen.
- kann rollen.

- kann kippen und ist rund.
- kann kippen und ist eckig.

4 Welcher Körper funktioniert als Nudelholz? Kreuze an.

Diese Aufgaben waren für mich ☺ 😐 ☹

1 Wie viel Euro bleiben übrig? Male und rechne.

Du kaufst:

___ + ___ = ___

___ €

___ € bleiben übrig.

Du kaufst:

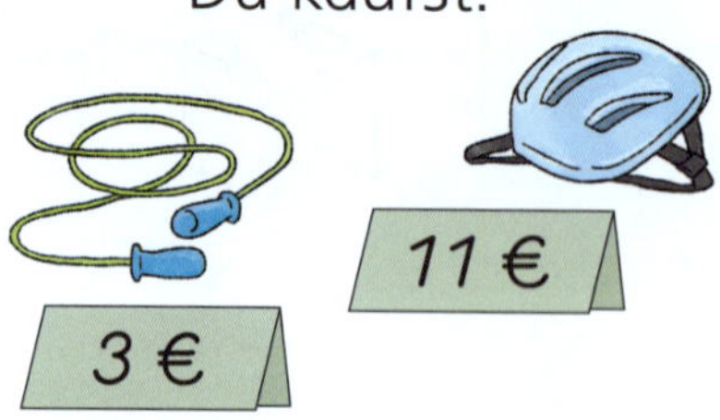

___ + ___ = ___

___ €

___ € bleiben übrig.

2 Wie viel Euro bekommst du zurück?

R:

A: Ich bekomme ___ zurück.

R:

A: Ich bekomme ___ zurück.

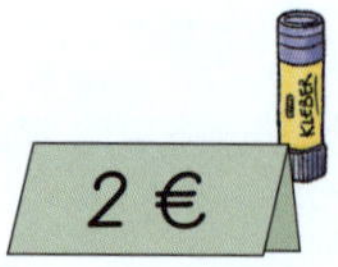

R:

A: Ich bekomme ___ zurück.

R:

A: Ich bekomme ___ zurück.

Diese Aufgaben waren für mich ☺ 😐 ☹

zu Schülerbuchseite 124–125

1 Welche Uhrzeit passt? Verbinde und trage ein.

___ Uhr

___ Uhr

___ Uhr

___ Uhr

2 Trage ein.

___ Uhr

___ Uhr

___ Uhr

___ Uhr

___ Uhr

___ Uhr

___ Uhr

___ Uhr

3 Male die Zeiger. Trage ein.

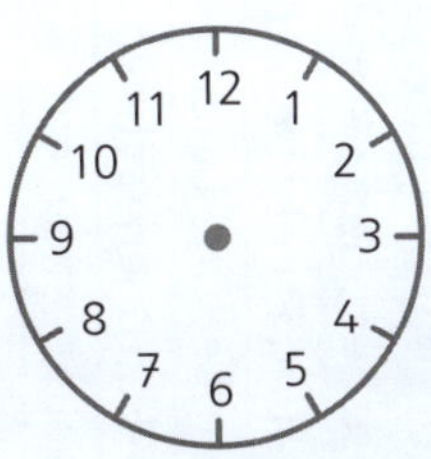

3 Uhr

___ Uhr

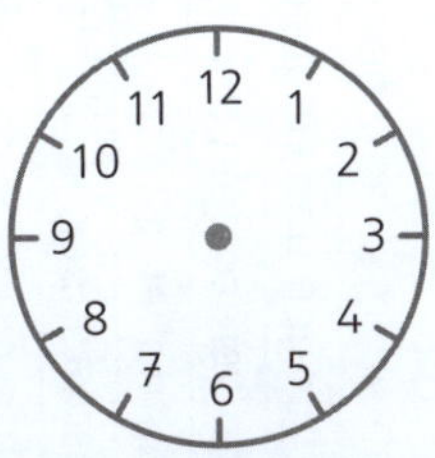

___ Uhr

22 Uhr

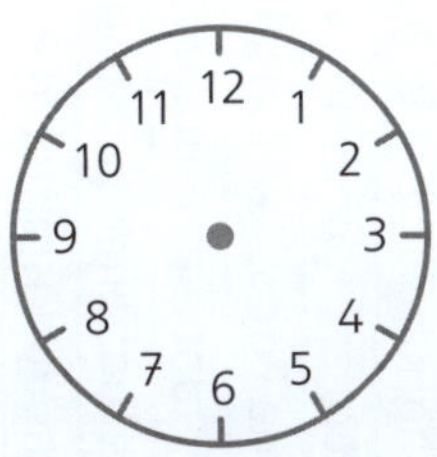

5 Uhr

___ Uhr

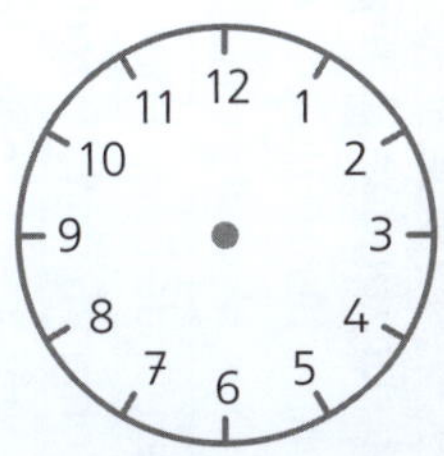

___ Uhr

20 Uhr

Diese Aufgaben waren für mich ☺ 😐 ☹

Zahlen und Operationen								
Seite	Inhaltsbezogene Kompetenzen	++	+	0	–	––	Bemerkungen	Empfehlung
2	Anzahlen bis 10 durch Zählen bestimmen							AH, FöH, FoH, KVs S. 12–16
2	Zählergebnisse darstellen (Strichliste 10er-Feld)							AH, FöH, FoH, KVs S. 12–16
2	Fünferbündelungen darstellen							AH, FöH, FoH, KVs S. 13–16
3	Die Zahlen 5 und 10 zerlegen							AH, FöH, FoH, KVs S. 21–22
4	Zerlegungen im Zahlenraum bis 10							AH, FöH, FoH, KVs S. 23–24
6	Sachsituationen additiv deuten und eine passende Rechnung notieren							AH, FöH, FoH, KVs S. 29
6	Sachsituationen passend zur Rechnung ergänzen oder gestalten							AH, FöH, FoH, KVs S. 29
7	Anschauungsmittel in Bezug zur Rechnung setzen (Addition)							AH, FöH, FoH, KVs S. 31
7	Additionsaufgaben mit und ohne Anschauungshilfe lösen							AH, FöH, FoH, KVs S. 31
7	Schöne Päckchen fortsetzen und lösen (Addition)							AH, FöH, FoH, KVs S. 31
9	Sachsituationen subtraktiv deuten							AH, FöH, FoH, KVs S. 35
9	Sachsituationen passend zur Rechnung ergänzen oder gestalten							AH, FöH, FoH, KVs S. 35
10	Anschauungsmittel in Bezug zur Rechnung setzen (Subtraktion)							AH, FöH, FoH, KVs S. 37
10	Subtraktionsaufgaben mit und ohne Anschauungshilfe lösen							AH, FöH, FoH, KVs S. 37
10	Schöne Päckchen fortsetzen und lösen (Subtraktion)							AH, FöH, FoH, KVs S. 37
14	Anzahlen in Zehner und Einer bündeln und stellengerecht aufschreiben							AH, FöH, FoH, KVs S. 47–48
15	Anzahlen im Zwanzigerfeld darstellen und zerlegen							AH, FöH, FoH, KVs S. 49
16	Gleichungen und Ungleichungen lösen							AH, FöH, FoH, KVs S. 50
23	Zahlen verdoppeln und halbieren							AH, FöH, FoH, KVs S. 64
24	Plusaufgaben im Zahlenraum bis 20 mit Zehnerüberschreitung rechnen							AH, FöH, FoH, KVs S. 66–69
25	Minusaufgaben im Zahlenraum bis 20 mit Zehnerüberschreitung rechnen							AH, FöH, FoH, KVs S. 70–72
26	Zu Bildern und Sachaufgaben passende Plus- und Minusaufgaben finden und lösen							AH, FöH, FoH, KVs S. 74

Größen und Messen								
Seite	Inhaltsbezogene Kompetenzen	++	+	0	–	––	Bemerkungen	Empfehlung
20	Cent- und Eurobeträge bestimmen und darstellen							AH, FöH, FoH, KVs S. 58–60
21	Gesamtbeträge berechnen und darstellen							AH, FöH, FoH, KVs S. 61
21	Mit €-Beträgen rechnen							AH, FöH, FoH, KVs S. 61
28	Restgeld bestimmen							AH, FöH, FoH, KVs S. 78
28	Rückgeld bestimmen							AH, FöH, FoH, KVs S. 79
29	Analoge Uhrzeiten bestimmen und zuordnen							AH, FöH, FoH, KVs S. 80
29	Uhrzeiger nach Vorgabe darstellen							AH, FöH, FoH, KVs S. 80

Raum und Form								
Seite	Inhaltsbezogene Kompetenzen	++	+	0	–	––	Bemerkungen	Empfehlung
5	Ebenen Figuren die Fachbegriffe zuordnen							AH, FöH, FoH, KVs S. 26
5	Ebene Figuren erkennen, benennen und zeichnen							AH, FöH, FoH, KVs S. 26–27
5	Gesetzmäßigkeiten in geometrischen Mustern erkennen und fortsetzen							AH, FöH, FoH, KVs S. 28
22	Symmetrische Muster fortsetzen							AH, FöH, FoH, KVs S. 63
22	Eigenschaften der Achsensymmetrie erkennen und nutzen							AH, FöH, FoH, KVs S. 63
27	Über räumliche Vorstellung von Körpern verfügen							AH, FöH, FoH, KVs S. 75–76
27	Körper in der Umwelt wieder erkennen							AH, FöH, FoH, KVs S. 75–76
27	Fachbegriffe den Körpern zuordnen							AH, FöH, FoH, KVs S. 75–76
27	Körpern die Eigenschaften zuordnen und mit der Funktion verknüpfen							AH, FöH, FoH, KVs S. 75–76

Muster und Strukturen								
Seite	Inhaltsbezogene Kompetenzen	++	+	0	–	––	Bemerkungen	Empfehlung
8	Tauschaufgaben bestimmen und lösen							AH, FöH, FoH, KVs S. 32
8	Strategie der Tauschaufgaben nutzen							AH, FöH, FoH, KVs S. 32
8	Ergänzungsaufgaben lösen							AH, FöH, FoH, KVs S. 33–34
11	Umkehraufgaben aus Sachsituationen erkennen und lösen							AH, FöH, FoH, KVs S. 40
11	Umkehrungen von den Grundaufgaben ableiten und lösen							AH, FöH, FoH, KVs S. 40
11	Rechenstrich als Darstellungsform zum Lösen von Umkehraufgaben nutzen							AH, FöH, FoH, KVs S. 40
12	Gesetzmäßigkeit der Aufgabenfamilie erkennen und nutzen							AH, FöH, FoH, KVs S. 42
12	Aufgabenfamilien finden und lösen							AH, FöH, FoH, KVs S. 42
12	Arithmetische Muster der Aufgabenfamilie selbst entwickeln							AH, FöH, FoH, KVs S. 42
17	Zahlen am Zahlenstrahl ablesen und markieren							AH, FöH, FoH, KVs S. 51
17	Vorgänger und Nachfolger von Zahlen ermitteln							AH, FöH, FoH, KVs S. 51
18	In Schritten im Zahlenraum bis 20 zählen							AH, FöH, FoH, KVs S. 52
19	Analogieaufgaben bestimmen und lösen							AH, FöH, FoH, KVs S. 54–55
19	Nachbaraufgaben bestimmen und lösen							AH, FöH, FoH, KVs S. 56–57

Daten, Häufigkeit und Wahrscheinlichkeit								
Seite	Inhaltsbezogene Kompetenzen	++	+	0	–	––	Bemerkungen	Empfehlung
13	Daten erfassen und in einem Diagramm darstellen							AH, FöH, FoH, KVs S. 46

Meine Lerndokumentation

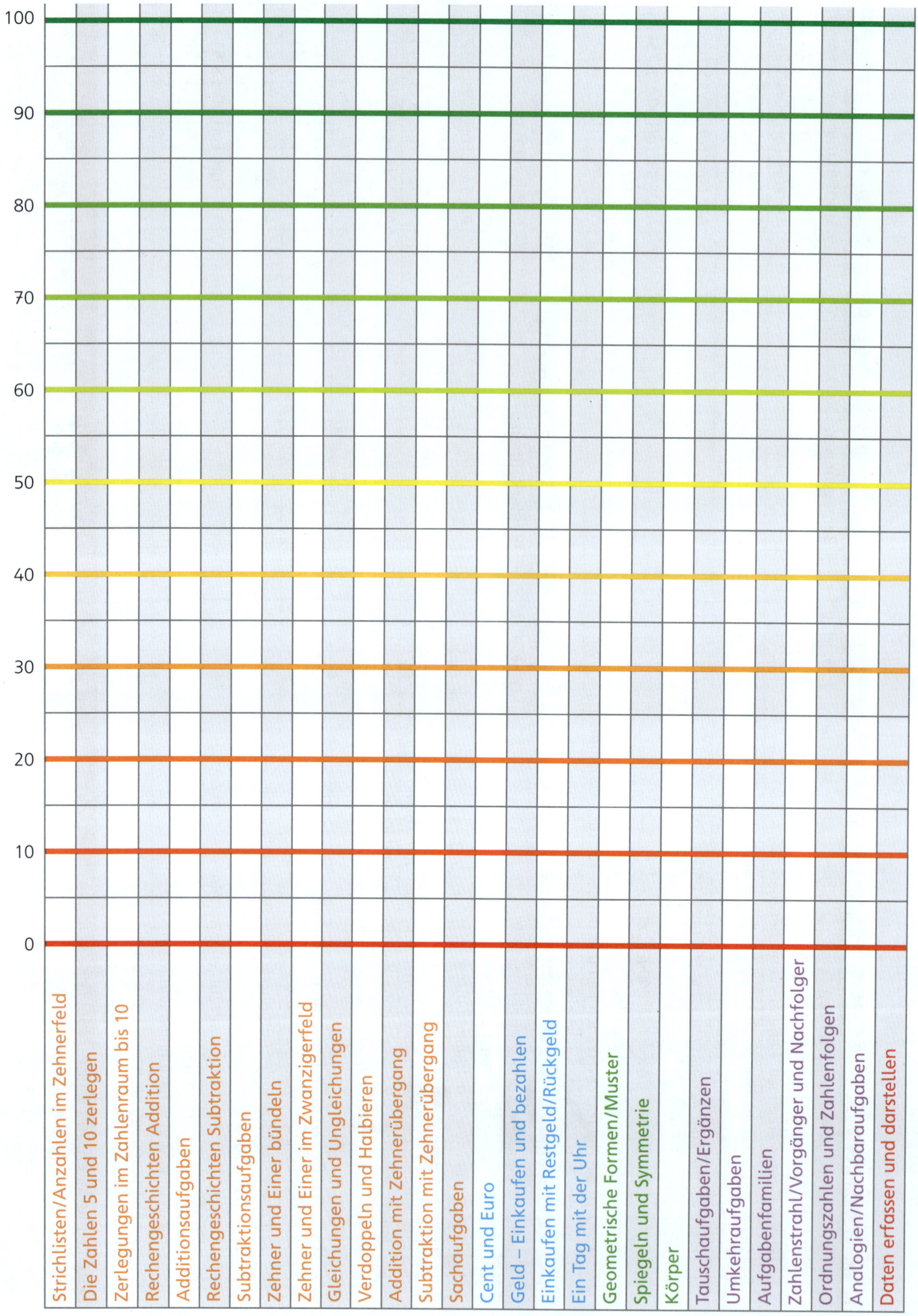